重走

——成都革命遗址中的先烈人物与故事

《天府文化》杂志社 / 编著

图书在版编目（CIP）数据

重走红色之路：成都革命遗址中的先烈人物与故事 /《天府文化》杂志社编著. -- 成都：成都时代出版社，2021.6（2023.9重印）
 ISBN 978-7-5464-2834-5

Ⅰ.①重… Ⅱ.①天… Ⅲ.①革命纪念地-介绍-成都 Ⅳ.①K878.2

中国版本图书馆CIP数据核字(2021)第088497号

重走红色之路——成都革命遗址中的先烈人物与故事
CHONG ZOU HONGSE ZHI LU——CHENGDU GEMING YIZHI ZHONG DE XIANLIE RENWU YU GUSHI

《天府文化》杂志社　编著

出 品 人	达　海
责任编辑	张　巧
责任校对	李　佳
书籍设计	原创动力
封面设计	王枭语
责任印制	黄　鑫　陈淑雨

出版发行　成都时代出版社
　　　　　编辑部（028）86742352
　　　　　发行部（028）86611785

印　　刷	成都博瑞印务有限公司
规　　格	140mm×210mm
印　　张	6.5
字　　数	120千
版　　次	2021年6月第1版
印　　次	2023年9月第3次印刷
书　　号	ISBN 978-7-5464-2834-5
定　　价	48.00元

著作权所有·违者必究
本书若出现印装质量问题，请与工厂联系。电话：（028）85919288

编者序

重回历史现场

诗人乃时代之触须。

记者,则必须及时记录和表达我们这个国家、民族在当下的精神现实,和时代共振,与时代和鸣。

作为中共成都市委宣传部指导的刊物,《天府文化》杂志社从今年3月刊开始,就开辟专栏,陆续推出《党建引领社区建设》《红色打卡地》《红色影音盛宴》等栏目和稿件。记者们按照事先策划好的专题,纷纷深入成都主要"红色景点"采访,以此呼应时代的需要,担起时代的使命。

无疑,对记者个人而言,这也是一次系统学习中共百年党史和成都党史的机会,而一次次的采访结束后,总会有一些触动让看似平凡的职业经历,经受深刻的精神洗礼。

今年3月的一天,主笔王越深入邛崃红军长征纪念馆采访。这个成都大热的党史教育基地,也是成都最为有名的"红色遗址"

之一,在成都百年党史上具有神圣地位。2014年,这个纪念馆实现了提档升级,在原来传统的展览陈列基础上,加载了许多声光电技术,和红色实物一起,使纪念馆更为立体丰满。

出于职业本能,王越留意到纪念馆中的出版物。有些图书作为历史档案的一部分,虽然老旧,但具有很高的史料价值。他特别留意到一本2014年11月出版发行的《四川省革命遗址通览》(第2册·成都市)。借出翻阅后发现,成都的"红色遗址"还真不少,而当了解到这些"红色遗址"背后的动人故事后,他就产生了一种急欲让更多人了解的责任感。

历史就是这样,因了解而感动,因感动而记住,因记住而缅怀。那些"红色遗址"背后的人和故事,理应被记者记录,被时代缅怀。

邱崃采访回来后,"重走成都红色之路"的选题思路便逐渐成形。

这本书里的"重走"点位,即以《四川省革命遗址通览》(第2册·成都市)为基础,主要由《天府文化》杂志社骨干记者重访这些"红色遗址",穿插介绍遗址相关的革命先烈人物及其故事，突出现场感、历史感和庄严感；全书精选近50处革命遗址，由摄影记者韩杰、米艳多角度、全方位重新拍摄，并结合历史照片，图文配合，既有参考性、服务性，又有很好的现场感，相信对成都党员干部和群众学习党史有一定的指导和帮助。对于"90后""00后"这些新生代读者来说，这样的"重走"，理性上有助于客观了解成都的"红色遗址"及其历史，感性上又有循循善诱的代入感和感染力。

"重走"完成都的"红色遗址"，并不意味着党史学习的结束，因为对于学习党史、新中国史、改革开放史、社会主义发展史，我们永远需要保持谦虚严谨的"实习生"心态。

这是我们通过重回历史现场，记录历史、表达时代的一次尝试。现在，我们献上这次尝试的成果，敬请广大读者检验。

愿这样的"重走"成为这个时代的常态。

《天府文化》杂志社

2021年6月10日

CONTENTS
目 录

★ 在红色打卡地，追忆光辉岁月

重访努力餐 / 002

实业街，王右木烈士的旧居 / 009

树德协进中学的青春之歌 / 013

藏在街巷里的革命据点 / 021

  焦家巷 / 021

  祠堂街 / 027

刘愿庵烈士纪念地 / 033

36 名烈士永刻丰碑 / 037

陈毅在成都 / 044

  从锦官驿到大田坎 / 046

  "甲工校"的陈毅纪念园 / 050

川大的革命先烈们 / 055

封进雕塑里的历史 / 062

磨盘山"独臂上将"贺炳炎墓 / 067

追寻籍田红岩先烈丁地平的足迹 / 072

码头里的革命据点 / 080

新都的红色记忆 / 085

　　龙藏寺 / 086

　　旃檀小学 / 088

　　桂湖湖心楼 / 090

灵岩山上的竹林寺 / 093

灌县的"红色学校":金马小学 / 097

彭州法藏寺的红色记忆 / 103

何秉彝烈士纪念地 / 107

露萍广场 / 110

红军在成都邛崃的峥嵘岁月 / 114

　　红军长征纪念馆 / 114

　　成佳红军墓 / 119

　　苏维埃旧址 / 121

解放成都 / 127

　　成都战役纪念馆 / 128

　　邛崃钟鼓楼 / 132

张志和故居／137

蒲江第一个中共组织诞生地——冯其昌客栈／141

大邑县爱国主义教育基地——肖汝霖烈士墓／146

横山岗上祭英雄／153

★ **外篇：在作家故居，重温时代记忆**

李劼人故居纪念馆／162

崇德里／170

鹤鸣茶社／175

艾芜故居／179

贺麟故居纪念馆／186

★ **附录**

成都市革命遗址一览表／196

在红色打卡地，追忆光辉岁月

历史因铭记而永恒，精神因传承而发扬。2021年是中国共产党成立一百周年，从1921年到2021年，100年的岁月变迁，留下了无数动人的红色故事和宝贵的精神财富。让我们一起走进成都的爱国主义教育基地、革命遗址、博物馆、重大历史文化纪念场馆等场所，瞻仰革命遗址，重温革命事迹，在教育实践中学习领悟、坚定信念，接受红色洗礼，传承红色基因，践行初心使命。

| 重走红色之路 |
——成都革命遗址中的先烈人物与故事

重访努力餐

在成都宽窄巷子旁,金河路和小南街交界的拐角处,有一座二层青砖小楼,牌匾上写着三个烫金大字"努力餐",吸引路人不时停下脚步拍照。这座古朴的餐馆,有着不平凡的来历。它始建于1929年5月,由革命烈士车耀先创办。

2021年6月8日晚,作为中宣部、文旅部、中国文联庆祝中国共产党成立100周年优秀舞台艺术作品展演剧目,由成都艺术剧院创作演出的革命题材舞剧《努力餐》在北京天桥艺术中心华彩亮相,再次把那段革命先烈英勇奋斗的历史呈现在了我们面前。

6月9日,我重访努力餐。站在金河宾馆门口往外看,努力餐两层古朴小楼格外引人注目。走进努力餐,接近午餐

重访努力餐

迁建后的努力餐饭店（摄影/韩杰）

| 重走红色之路 |
——成都革命遗址中的先烈人物与故事

努力餐饭店掠影（摄影/韩杰）

时间，里面座无虚席。餐厅内部以圆桌为主，回锅肉、宫保鸡丁和麻婆豆腐颇受顾客青睐。餐厅进门的左边，用醒目的文字标注着："努力餐红色教育基地展陈厅改造中，敬请期待。"工作人员说，之前餐厅墙壁上挂着的革命先烈照片今后都将在这里展陈。

站在努力餐门前，透过那些老派的装饰，努力餐所承载的那些革命往事在我眼前一幕一幕地闪现。

努力餐店名的由来，有三种说法：第一种说法是取自孙中山先生的名言"革命尚未成功，同志仍须努力"；第二种说法是取自《古诗十九首·行行重行行》中"弃捐勿复道，努力加餐饭"；第三种说法是取自西汉蜀中才女卓文君的《白头吟》。但无论如何，车耀先创办努力餐的经营宗旨，是要给劳苦大众谋福利。他曾在餐馆墙壁上留下一副对联："要解决吃饭问题，努力，努力！论实行民生主义，庶几，庶几！"

车耀先经常提醒厨师："庶民百姓到我们这里来进餐，就要想办法让他们吃好，做到物美价廉。"然而，在战乱年代，让百姓吃上物美价廉的饭菜并非易事。为此，"努力餐"天天按时出售"大肉蒸饺"和"大众蒸碗饭"。每天一开门，赶来吃饭的市民络绎不绝。从某种程度上讲，当时的努力餐开了成都平民快餐店的先河。

"老板，有没有拿手的好菜？"

"有的是，本店最有名的菜是板栗烧鸡。请问你是要红烧还是要清炖？"

"要红烧，外加小米辣。"

几句对话后，几位来客就急急忙忙地到后厅去找座位了。

如果你以为这只是一桩生意接待，那就大错特错了。这是革命同志用暗语在交流。

1927年，四川军阀刘湘与蒋介石勾结，制造了"三三一惨案"，大批共产党人和革命志士遭到残杀。此时的共产党和一些倾向革命的团体还处在地下时期，如果公开身份就会被反动政府抓进监狱或被扣上反政府的帽子，因此，他们秘密制定了一套联络暗号，如"红烧""小米辣"代表赤色、红色，象征共产主义，凡能说出联络暗号"红烧加小米辣"的，就是进步人士或革命青年。对上暗号后，他们会直接进入餐厅后厅的雅间，共同探讨中国革命的有关问题，或是阅读《共产党宣言》《新青年》《民声》等进步书籍或刊物，充分吸收革命的养分。

借饭馆做掩护，当年的努力餐其实是车耀先及其他同志进行革命活动的重要场所，是中国共产党在四川地下工作的秘密联络点。车耀先于1928年加入中国共产党，根据党组织的指示，为不暴露身份，他先后以老板的身份在成都牌坊巷开了"新的面店"，在少城公园（现人民公园）大门西侧开了"庶几饭店"，而后又有了"努力餐"。这里除了为劳苦大众提供餐食，还经常为有困难的革命者解决吃饭问题：只要来人说出"来一菜一汤"的暗号，餐馆就免费供应饭菜。就这样，努力餐默默接济了许多当时生活上存在困难的革命者。

1937年1月,车耀先用餐馆内的两间屋子作为编辑部办公室,创办了《大声周刊》。他用笔名发表了大量文章,揭露国民党亲日派挑动内战的阴谋,积极宣传抗日,反对内战。该刊曾多次被国民党反动派查封,不得不先后改名为《大生周刊》《图存周刊》及《大声》复刊号。从1937年1月创刊到1938年8月13日停刊,共出刊61期,疾呼抗战,反对妥协,成为当时四川抗日救亡运动的喉舌。

努力餐还是抗日救亡人士的活动中心,一些国内著名的抗日救亡人士曾相会于此。救国会"七君子"沈钧儒、邹韬奋、史良、李公朴、章乃器、王造时、沙千里出狱后来蓉,车耀先特为他们设宴于努力餐。沈钧儒还曾陪同邓颖超与车耀先会面。1940年,中华文艺界抗敌协会成都分会为欢迎冯玉祥、老舍来蓉而举行的欢迎会,也在努力餐举行。

不过,努力餐当年进行的种种宣传抗战活动,其实早已为国民党所注意。1940年春,国民党发动了反共高潮,在成都制造了震惊全国的"抢米事件",妄图以此打击抗日进步力量,破坏中共建立的统一战线。在一个风雨交加的夜晚,国民党特务借收电报之名敲开努力餐的大门,秘密逮捕了车耀先,将他先后囚禁于重庆白公馆看守所、贵州息烽监狱。

1946年7月，车耀先被押回重庆，关押于渣滓洞监狱；1946年8月18日，被杀害于重庆松林坡。

  1946年车耀先被捕就义之后，其出身贫寒却深明大义的妻子车体先仍坚持打理一切，一直到1954年去世。到了1956年，努力餐经过公私合营改造后成为国营企业，隶属于成都市饮食公司祠堂街商店。到了1984年，由于人民公园面临扩建，祠堂街上的老努力餐被拆除，新努力餐则按照原来的规模和风貌在不远处的金河路上整体重建。1985年7月22日，成都市人民政府公布努力餐酒楼为文物保护单位。2008年，中共成都市委党史研究室确定努力餐为成都市党史教育基地。

  "小餐馆，大社会，在充满四川人文精神的众生相里面，《努力餐》以当下视角回望历史，将革命故事作为一条红线主线，勾勒出四川共产党人崇高的革命理想和坚定的共产主义信仰。"今天，以车耀先事迹为背景创作的舞剧《努力餐》再次登上舞台，讲述了我党地下工作者以成都努力餐饭店为掩护与敌人周旋、捍卫信仰、开展情报斗争的故事，再现了一代共产党人为革命理想不怕牺牲的英勇无畏，颂扬了信仰坚定的精神力量。

  那些封存在岁月中的历史，并没有走远。

实业街，王右木烈士的旧居

　　实业街，与宽窄巷子毗邻，与附近的吉祥街、奎星楼街、泡桐树街、小通巷—栅子街、支矶石街一起，构成了成都标志性的鱼骨状路网格局。

　　行走在这里，一路都是惊喜。经过大规模的城市更新，这里已经从破旧的老街巷变身成了网红打卡地，富有艺术感的小店一家接一家涌现，吸引着众多年轻人前来"打卡"。

　　这里有时尚，也有着悠久的历史。2017年，在实业街11000平方米的考古现场，竟然出土了先秦时期的船棺、东汉六朝时期的水渠、唐代道路，以及成都千年名寺福感寺的遗址。从先秦至明代约两千年的文化堆积，以及船棺、青铜器、佛教石刻造像及经版等大量精美的出土文物，和此前发

| 重走红色之路 |
——成都革命遗址中的先烈人物与故事

王右木烈士生前照

现的镇水石犀、摩诃池遗址、蜀王府遗址等一起，再度以事实证明了，成都两千多年来市中心从未改变。

这里也是中共成都特支第一任书记王右木曾经居住过的地方。

王右木（1887年—1924年），又名丕昌、燧，四川省江油县（今四川省江油市）武都镇人。为寻求真理，他东渡日本；受陈独秀、李大钊等人委托，他在成都创办了"马克思主义读书会"，成立了四川第一个社会主义青年团组织和第一个共产党组织，并被中共中央执行委员会正式任命为中共成都特支第一任书记；1924年他到广州参加党的会议后，在返川途中遇难。王右木是四川早期的革命活动家，现在其家乡建设有王右木纪念馆，馆藏有他的革命活动路线图和部分史料。由于历经多次城市建设改造，其在实业街的原居住地已不存在。

1914年，王右木从成都高等师范学堂毕业，在大哥王初龄的帮助下，通过自己的努力，考到日本公派留学。在日本他结识了李大钊，参加了李大钊创办的"神州学会"。1917年，他开始正式接触马克思主义。1918年回国，次年受聘任成都高等师范学堂学监，积极投身五四运动。

改造后的实业街（摄影／米艳）

1919年端午节后，王右木带着妻子儿女，到成都工作和生活，走上了革命的道路。1920年创办宣传马克思主义的刊物《新四川旬刊》。1922年2月，主持创办进步报刊《人声》报，任社长、主笔；10月，组建成都社会主义青年团地方执行委员会。1923年5月，创立成都劳工联合会；7月1日，在成都改组旧有的四川民权大同盟，组成新的机构，成立中国共产党成都支部，直属中央领导；同年冬，中共中央执行委员会正式任命他为中共成都特支第一任书记。1924年，与社会主义青年团员秦正树创办《甲子日报》，担任总编辑。后赴广州参加中共中央重要会议，在返川途中，于贵州土城被当地反动势力杀害，年仅37岁。

　　中华人民共和国成立后，王右木被追认为革命烈士，现在他的家乡江油武都建有王右木烈士纪念馆，被绵阳市列为爱国主义教育基地。馆内有王右木在革命活动时期的路线图，有他给恽代英的信，有共青团成都市委给团中央的报告，有王右木创办的《人声》报原件和创报的有关文函，以及中央、省、市军政领导的题词等珍贵的文献资料。

树德协进中学的青春之歌

走进树德协进中学,处处可见红色基因的传承。无论是学校里的英才厅、校训壁、校赋墙,还是各功能场馆的红色可视文化,无不向师生昭示先烈校友们的英雄主义精神。

在那充满白色恐怖的岁月和动荡的革命战争年代,入党是一件非常危险的事情,不但要面对无数的艰难困苦,而且还要舍弃个人利益甚至生命。然而,在那血雨腥风的年代,仍有一批又一批共产党员和先进分子冒着生命危险,义无反顾地走上了革命的道路。在他们身上所体现出的对党无限忠诚、对革命执着而坚定的信念,以及为实现心中理想而表现出的坚韧意志和牺牲精神,永远是我们学习的榜样,尤其是那些还在学校里学习的青年学子们,能够毅然决然地走上革

今日的树德协进中学（摄影/米艳）

命的道路更是令人钦佩，他们真正谱写了一曲青春之歌。

　　树德协进中学，位于成都市西胜街18号。其前身为成立于1913年的四川省立一中，1933年更名为成都市协进中学。中华人民共和国成立后，学校先后更名为成都市金河中学、初八中、协进中学、二十八中。2009年5月，学校更名为"成都市树德协进中学"。革命烈士李硕勋曾在此就读和从事革命活动，该校也是革命时期我党在成都的活动据点之一，有"红色学校""成都的陕北公学"的美称。

　　李硕勋同志是中国共产党早期的优秀党员，我国进步青年学生运动的杰出领袖,我军卓越的军事指挥员,英勇的共产主义战士,忠诚的无产阶级革命家。李硕勋同志1903年二月出生于四川省庆符县(今高县)。他天资聪慧,学习成绩优异,少年时就胸怀救国救民大志,立志"吾不欲为学者,愿成功一事业"。

1918年,李硕勋以优异成绩考入宜宾叙联中学。这时五四运动的风云席卷全国,受进步思想的启迪和影响,他积极参加反帝爱国运动,经受了革命的考验和洗礼。

1921年初,李硕勋与挚友阳翰笙来到成都,插班进入四川省立第一中学。不久,李硕勋当选为省立一中学生会委员、四川省学生联合会出版部主任。这时,他接触了一批具有新思想的知识分子,如王右木、吴玉章、童庸生等人。他们广博的学识、深刻的革命思想和见解,以及一些宣传马克思主义的书籍和刊物,深深启发了李硕勋。

1921年冬,李硕勋与童庸生、阳翰笙、刘弄潮、雷兴政(又名雷晓晖,四川女子师范学校学生)等人在成都锦江边的望江楼开会,筹建成都社会主义青年团,成员很快发展到十多人。1922年春夏之际,在王右木的指导下,李硕勋、童庸生、刘弄潮等正式建立四川社会主义青年团。

1922年6月,四川教职员联合会和四川学生联合会决定在各校发动一场争取教育经费独立的罢课运动,王右木被推选为这场运动的总指挥,李硕勋和一些社会主义青年团员成为这场运动的骨干。这就是成都学运史上有名的"熊宅事件"。斗争风潮迅速波及全川。当局大光其火,下令更换全省三十几个中学校长。

省立一中新任校长严恭寅是个官僚政客,学联负责人李硕勋、阳翰笙等发动学生坚决抵制其任职。严即将来校时,李硕勋组织同学们采取阻止行动,将他驱逐出校。此举引起反动当局的震怒,新上任的川军总司令兼省长刘成勋签署命令开除为首"闹事"的学生李硕勋、阳翰笙等六人。1922年11月,为首"闹事"的李硕勋、阳翰笙等6人被通缉,他们和被开除的雷晓晖等人离开了成都。

1924年初,李硕勋考入上海大学社会学系,比较系统地学习了马列主义理论和社会科学知识,思想觉悟和理论水平都有了很大提高,从而确定了献身共产主义事业的崇高信仰。同年5月,李硕勋由社会主义青年团团员转为中国共产党正式党员,成为一名共产主义战士。从此,他更加努力地学习,更加积极地参加革命斗争。

1925年夏,李硕勋被推选为上海大学学生代表加入上海五卅运动的统一指挥机构——上海工商学联合会,参与发动工人罢工、学生罢课、商人罢市的"三罢"斗争。他团结组织同学参加上海万人市民大会，会后与群众一起举行反帝示威大游行。随后，李硕勋在上海主持召开了第七届全国学生代表大会，被推举为新的全国学生联合会常务委员，担任全国学生联合会总会会长兼交际部主任。这一时期，李硕勋把主要精力投入主持全国学联总会工作、领导开展全国学生运动中，在斗争中逐渐成为我国早期进步青年学生运动的杰出领袖。

1926年7月，在广州召开的第八届全国学生代表大会上，李硕勋被推选为全国学联总会会长。他在全国学生总会的机关刊物《中国学生》上发表了大量文章，对进一步推动全国的学生运动起到了积极的指导作用。10月，李硕勋受党派遣到武汉，任中共武昌地委组织部部长、共青团湖北省委书记，为叶挺独立团补充了大量人员，有力地支持了北伐军北伐。1927年春，李硕勋被党派到由叶挺独立团扩编而成的国民革命军第四军二十五师任政治部主任，并奉命率部参加北伐，在河南上蔡战役大败奉军。5月，回师武汉，参与平定夏斗寅的叛乱。蒋介石发动"四一二"反革命政变后，为了挽救革命，中国共产党决定举行南昌起义，以武装斗争反击国民党的反革命叛变。李硕勋与聂荣臻、周士第率第二十五师克服重重阻挠和破坏，抵达南昌参加起义。根据党组织决定，这支起义部队新编为起义军第十一军第二十五师，李硕勋任党代表兼政治部主任。

南昌起义后，李硕勋同朱德、周士第等率部转战粤北、赣南山区，参与指挥了会昌战役并取得了胜利。10月，受朱德委派，李硕勋赴上海向中共中央汇报工作，后被党中央留在上海、武汉等地从事党的白区工作。先后任中共中央军委委员，中共江苏省军委书记，中共江南省军委书记，中共浙江省军委书记、省委代理书记，沪西区委书记等职，领导发动了苏北农民暴动，与黄火青等同志一起组建了中国工农红军第十四军，为开展长江下游军事斗争做出了重要贡献。

1931年5月，受党中央委派，李硕勋离开上海前往香港，任两广军委书记。7月，李硕勋到海南岛主持召开军事会议时，不幸被捕入狱。在狱中，李硕勋遭到敌人严刑拷打，双腿被打断，但他英勇不屈，宁死不吐露党的任何秘密，体现了一个共产党员铁骨铮铮、大义凛然的大无畏精神。牺牲前两天，李硕勋同志视死如归，给革命伴侣赵君陶写下了一封气壮山河、光耀千秋的遗书："陶：余在琼已直认不讳，日内恐即将判决，余亦即将与你们长别。在前方，在后方，日死若干人，余亦其中之一耳。死后勿为我过悲。惟望善育吾儿。你宜设法送之返家中。你亦努力谋自立为要。死后尸总会收的，绝不许来，千嘱万嘱。勋。"

遗书送出后，国民党反动派接到电令，就地杀害李硕勋。临刑前，李硕勋的腿骨已断，不能行动。1931年9月5日，敌人用竹箩把他抬到海口东校场琼山府城刑场。他高呼"打倒蒋介石！""打倒国民党反动派！""中国共产党万岁！"等口号，大义凛然，从容自若，壮烈牺牲，用年轻的生命谱写了一曲革命的壮歌。

作为青羊区红色信仰课程实践基地，树德协进中学以"协进课堂"为主阵地，研发红色校史课程，打造红色文化校园，开展红色文旅研学，以传承红色基因为己任，深化育人方式改革。

2021年4月28日，一场特别的党史教育在成都市树德协进中学举行，青年教师陶正云为大家奉献了一节《抉择关头见初心》的历史学科育人课例。课堂上，树德师生重温百年党史、回顾百年协进、传承红色基因。1921年，伟大的中国共产党带着"为民族谋复兴、为国家谋富强、为人民谋幸福"的初心应时而生，在这种"初心"的感召下，全国各地有志青年纷纷追随中国共产党，其中包括树德协进中学的革命烈士李硕勋、余文涵、曾鸣飞等，他们的光辉事迹及其壮

重走红色之路
——成都革命遗址中的先烈人物与故事

烈的革命人生历程让同学们动容。在老师生动的讲述、引导下,同学们见证了中国共产党勇于奋斗、开拓创新的百年风雨历程。

藏在街巷里的革命据点

在老成都的街巷中，有着最具烟火气的市井生活，也藏有数不清的历史风物、人物典故。在革命年代，很多革命据点就藏身于这些老成都的街巷中。在这里，共产党人积极宣传进步思想、从事革命活动，为中国人民谋幸福，为中华民族谋复兴。

⊙ 焦家巷

在长顺下街右拐，就走进了焦家巷。焦家巷是一条狭长弯曲的小巷子，从头到尾共有十来个院坝。巷子东连长顺下街,西接上同仁路,南邻西马棚,北靠竹叶巷和四道街。

巷子长不足500米,步行七八分钟就可以走完。巷子越往里走越窄,最深处是一个院坝,有几家茶铺,坐满了喝茶的居民,吹壳子摆龙门阵的,个个都是大声武气的。老板提着水壶,大声吆喝着在茶桌之间穿梭着掺茶倒水。在树荫下,下围棋的、打扑克牌的、家长里短聊天的,声音在茶桌之间飘来飘去。

焦家巷深处(摄影/米艳)

寻一安静处坐下,老板迅疾端上茶水。隔桌大爷疑惑地问:"没看你来喝过茶呢?"我道明来意,大爷的话匣子就打开了。

焦家巷,原名上升胡同,在1937年11月至1946年6月是四川省工委机关联络点,也是当年四川省工委书记邹风平等人的主要活动地点。

邹风平,四川省三台县人,历任盐亭特支书记、成都东区书记、泸县中心县委书记、川南特委书记、四川省工委书记,以及川康特委书记等职务,并当选为党的"七大"代表。

1937年11月10日,邹风平参加了由中央负责同志在延安主持的四川工作会议。会议研究了四川工作情况和今后的任务,决定派邹风平等人回川,组成以邹风平为书记的四川省工委,负责恢复和重建党的组织,领导全省的革命斗争。1937年12月,邹风平等到达成都后,同廖志高、张曙时等人组成四川省工委。当时省工委的主要任务是:重建党的各级组织,壮大党的队伍,把日益高涨的抗日运动推向新的高潮,并引导到为实现党的任务而斗争的轨道上来。

在省委机关的建设中,邹风平首先考虑的是省工委机关的安全。最初他们将省工委设在比较僻静的平安桥街南口一个独院里，只留他和廖志高两人住机关，后来，省委机关迁到焦家巷，住机关的也只有邹风平和甘棠、赵利群三人。由于机关隐蔽，工作做得好，所以邹风平能在敌人的眼皮下坚持两年多，从容指挥全川各地的斗争，负起了重建四川地下党和领导抗日救亡运动的重任。

1937年12月初建立省工委时，全省只有为数不多的党员，次年春即增加到340人，至1938年冬省工委扩大会议时，全省党员已发展至4000人左右。1938年冬，中共中央长江局决定撤销四川省工委，分别成立川西和川东两个特委。邹风平改任川西特委书记。罗世文被派到川西特委任书记后，邹风平为副书记。当时川西特委地区有十个中心县委，下属近五十个县委或特支。

省工委成立后，党组织和进步团体掌握了大批报纸和刊物，如《四川日报》《新新新闻》《新民报》等都有党员在那里工作。邹风平到成都不久，便很快将有文字工作经验的李亚群派往车耀先主办的《大声》周刊，以加强那里的工作；又抽调杜梓生到《四川日报》，以增强党在该报社的力量。由党员所创办的《时事新闻》《星芒》《全民》等新闻刊物深受读者欢迎，这些报刊宣传抗日、教育群众，盛极一时，影响深广。

1939年后,局势日渐紧张,川康特委(1939年1月,西康建省,中共川西特委改称中共川康特委)根据中共中央南方局的指示,有计划、有组织地进行了疏散,将已经暴露或有可能暴露的党员积极分子分期分批地转移,或赴延安,或到农村,或到抗日前线。1940年3月,蒋介石派特务头子康泽到成都,一手炮制了"抢米事件",白色恐怖笼罩蓉城,这更进一步引起川康特委的警觉。特委经过紧急会议的研究,断然采取措施,立即隐蔽起来,移居乡间。1940年6月24日,邹风平与张曙时等随同董必武告别成都返回延安。

从四川省工委成立到此时近三年时间里,领导机关没有遭到大的损失;大批干部成长起来,成为日后各条战线的重要骨干,这是一件极不容易的事情。(据《四川省革命遗址通览》)

藏在焦家巷里的个性私房餐厅(摄影/米艳)

| 重走红色之旅 |
―― 成都革命遗址中的先烈人物与故事

    大爷姓陈,今年76岁,住在税务局宿舍,每天都来这里喝茶。说起成都旧街老巷里的那些革命往事,大爷如数家珍。告别大爷,我漫步在巷子里,仿佛能触摸到那些流逝的岁月,镌刻在了今日的时光里。

    街头树荫下,三五居民围坐在茶桌旁聊着家长里短;路边,几个快递员正在搬运包裹;居民楼下,一家美食体验馆的招牌分外醒目:一世烟火,坐享人间繁华。

焦家巷的文艺小店(摄影/米艳)

⊙ 祠堂街

被少城片区、天府广场片区、人民公园所环绕，祠堂街以独特的地理位置、悠久的历史文脉成为天府锦城"八街九坊十景"中的"棱角"风景。

祠堂街不长，不到300米，但是留在这条街上的故事，已成为老成都的城市记忆。

在20世纪30年代和40年代，人民公园旁的祠堂街也曾是中国共产党地下组织进行革命活动的一个重要据点。中共中央南方局和四川省委、成都市委，先后在这里建立了7个支部，设立党的秘密交通站和联络站，传播党中央的声音，发展党的组织，培养党的干部，广泛联系群众，开展抗日民族统一战线工作；共产党的不少重要会议和首脑的聚会，都曾在这里举行。这里曾经是革命力量和反动统治进行殊死搏斗的前沿阵地。党的地下组织和党领导下的进步社团，在这里组织群众，开展抗日宣传，反对蒋介石、汪精卫对日妥协投降，与国民党反动政府做公开的合法斗争和秘密从事地下活动。国民党反动派镇压人民革命，派出大量军警和特务在这里捣乱破坏，无数群众遭到毒打，许多共产党人和进步人士在这里被绑架,以"莫须有"的罪名被逮捕,最后为人民的解放事业献出了自己的生命。

这条街道,曾经是共产党领导下的《新华日报》成都分馆、大声社、群力社、星芒社、战时学生旬刊社等十多个社团和报刊发行部的所在地;这里有著名的"努力餐"饭馆,还有生活书店、三联书店等二十多家书店。所以,祠堂街不仅是一条文化街,而且是值得人们永远纪念的一条革命街。在十四年抗战的艰苦岁月里,这条街给成都人民留下了难忘的印象,尤其是当年曾经在这里工作和战斗过的老同志,一到成都,免不了都要去祠堂街做一番历史的回顾,缅怀那腥风血雨的斗争年代。

祠堂街88号(今38号)是《新华日报》成都分馆的旧址。《新华日报》是抗日战争和解放战争时期中国共产党在国民党统治区出版的机关报,1938年1月11日在汉口创刊,同年10月25日迁重庆。先后由中共中央长江局、中共中央南方局领导,1946年春改由中共四川省委领导。1947年2月28日被国民党政府封闭。

在罗世文同志的领导下,1938年4月,祠堂街38号建立了《新华日报》成都推销组;同年8月,扩大为推销处,除了担负《新华日报》在成都的发行外,还负责开展川西北各县

《新华日报》成都分馆旧址(摄影/米艳)

《新华日报》成都分馆旧址（摄影／米艳）

的发行业务。1939年4月建立《新华日报》成都分馆后，发行量增至一万二千多份。为了使读者早日看到《新华日报》，曾每天用飞机从重庆送报样到成都，然后在华西日报社翻印，使成都的读者当天就可以看到报纸。

祠堂街38号每天除了分发报纸、办理订报业务外，还经售由延安运来的马列主义著作、《解放日报》《群众》以及生活书店、战时出版社发行的进步书刊。罗世文、邹风平等领导同志经常到分馆工作，广泛联系地方实力派、上层民主人士和读者，宣传党的抗日政策和主张。每天的报纸，除了通过邮局和各种渠道发送外州县而外,大部分由报童分送到订户手里。

1940年3月14日,国民党军统局的特务在成都制造了"抢米事件",以此为借口封闭了《新华日报》成都分馆,罗世文、洪希宗等同志亦相继被捕。中共中央南方局派新华日报社社长潘汉年赶来成都组织营救工作,经多方斡旋,国民党当局只允许分馆启封,恢复营业,但坚持不放人。从此,《新华日报》不再在成都翻印,而是直接在重庆印好后运来。皖南事变发生后,中共中央揭露了国民党妄图消灭新四军、破坏抗战的阴谋,成都分馆及时将《新华日报》送到读者手中,并将重振新四军,任命刘少奇为政委、陈毅为代军长的电文张贴在分馆营业部的门口,各界人士、青年学生围看、抄写的人很多,影响很大。

1942年,《新华日报》成都分馆联合读书生活出版社、生活书店搞了一次书刊大减价。军统特务又以"出售反动书刊"为由,查封了生活书店、三联书店和《新华日报》成都分馆,后经周恩来亲笔写信向国民党政府交涉后才启封。此后,《新华日报》成都分馆利用公开合法的形式开展报纸书刊的发行、递送,又在中共中央南方局的领导下,为秘密传送党的文件、转移党的干部和密送遭遇危险的同志做了大量的工作。

1947年2月28日,《新华日报》重庆总馆被国民党反动派查封,并下令总馆和成都分馆的工作人员一律限期撤离。成都分馆的同志坚持把最后运到成都的《新华日报》送到了读者的手中后,分馆的大门才关闭。成都分馆的同志从1938年4月建立推销组,至1947年3月5日离开祠堂街38号撤到重庆返回延安为止,前赴后继地坚持了八年之久。

四川美术社、张彩芹画室、四川电影院、鹤鸣茶社、新华日报社、辛亥秋保路死事纪念碑……祠堂街不仅见证了成都的革命历史,也承载着这座城市的文化脉络。

今天这条小街开始了蝶变,祠堂街旧城改造项目已正式启动。青羊区将围绕"百年艺术祠堂街"总体定位,打造"书香文化、美术文化、戏曲文化、红色进步文化"特色街区,呈现出"艺术生活老成都,文博旅游新场景"的美好愿景。负责祠堂街旧城改造的成都市兴光华城市建设有限公司相关负责人介绍,项目改造将通过产业内容升级和市场化运营能力提升等方式,在保留祠堂街原汁原味的空间记忆和文化传承的同时植入新兴业态,实现城市文化生活跨界体验升级和艺术消费大众化目标,重现祠堂街文化盛景。

刘愿庵烈士纪念地

"中国共产党万岁！"1930年5月7日，重庆城内巴县衙门前的院坝里响起一阵枪声，共产党人刘愿庵高呼着口号应声倒地。他是被军阀刘湘下令枪杀的。

在成都市青羊区黄瓦街上，有一处特殊的纪念墙，墙上刘愿庵留存在世的唯一一张照片格外醒目。黄瓦街原为清代少城的松柏胡同，因当年两户没落贵族建有罕见的黄瓦红墙，故民国时命名为黄瓦街。刘愿庵生前就住在此街。

刘愿庵1895年生于陕西咸阳，1911年辛亥革命爆发后，参加学生军，声讨袁世凯。1925年五卅惨案发生后，刘愿庵领导群众开展反帝爱国斗争，不久加入中国共产党。1928年4月任中共四川临时省委代书记。同年6月，赴莫斯科出席党的

如今的黄瓦街热闹繁华（摄影/米艳）

六大，当选为中共第六届中央候补委员。

1929年6月，他领导了由旷继勋、罗世文等发动的，川军第二十八军第七混成旅参与的遂（宁）蓬（溪）起义，成立了中国共产党四川工农红军第一路总指挥部。中共四川省委正式成立后，刘愿庵任省委书记。随后，中共四川省委移驻重庆，开始艰苦而又危险的地下工作。

1930年5月5日，因为叛徒出卖，刘愿庵不幸被捕。面对反动军阀的威逼利诱，他不为所动。在得知自己将被处决的消息后，刘愿庵给表姐夫周竹虚写下了一封遗书。家书开头便表达了刘愿庵对兄长关爱自己的感谢之情:"弟之行动始终不能为兄赞同,而弟亦不能如兄历年谆谆劝告放弃工作。然而兄始终对弟之爱护有加,及对于舍间之照拂,实永藏心中不敢或忘。"

整封信篇幅最大的是对家人和自己后事的交代。他嘱托兄长照顾弟妹成长:"敢以累兄时加顾助,以待弱弟妹之成立。"又嘱托兄长不要将自己牺牲的消息告诉父母:"弟之死耗,对舍间务请秘密,勿使老亲知之,即以弟已出川代为掩盖。"对于自己的遗体,他希望能做出最后一点贡献:"至弟之尸体,已嘱送之医院解剖,以尽我最后对人类之贡献,万望无加阻止,虚耗金钱。"

信中的一句话尤为催人泪下:"此身纯为被压迫者牺牲,非有丝毫个人企图。"这是刘愿庵对自己一生的总结,也是他一生奋斗的目的。

在给妻子周敦琬的遗书中,刘愿庵更倾诉了一个革命者在临刑前感天动地的爱情:"把全部的精神,全部爱我的精神,灌注在我们的事业上,不要一刻懈怠、消极。""别了,亲爱的,我的情人,不要伤痛,努力工作,我在地下有灵,时刻是望着中国革命成功,而你是这中间一个努力工作的战斗员!"信中,刘愿庵深情写下"我最后一刹那的呼

| 重走红色之路 |
——成都革命遗址中的先烈人物与故事

市民在阅读刘愿庵烈士事迹（摄影／米艳）

吸，是念着你的名字"，并劝慰勉励妻子把全部的爱他的精神灌注在事业上，以更多的热情投入革命工作。将思念转化为前行的动力，将"小爱"融入"大爱"中，继续完成他们未竟的事业，坚守初心使命、实现民族复兴，是对先烈们最好的告慰。

革命先烈既有民族大义，也有常人的爱情、友情、亲情。"若为自由故，二者皆可抛"，所有感情的归宿，都以服从党的意志、人民的需要为前提，"小我"让位于"大我"，"小爱"服从于"大爱"。

36名烈士永刻丰碑

二仙桥、驷马桥、九眼桥……在成都,通常以桥来命名之地,都有着很多耐人寻味的历史故事。在众多"桥"里面,十二桥特立独行,熟悉其中历史的人,只要提起它,无不神情庄重。那是一个凝聚着红色记忆,演绎时代风云变幻的地方。

十二桥烈士墓位于成都市西门外文化公园内、二仙庵侧,建于1950年1月。2021年5月28日,我再访十二桥烈士墓时,遇到四川大学华西第四医院医务部党支部在这里开展"学习英烈事迹,感悟初心使命"主题党日活动。组织委员向大家讲述了36位烈士的革命事迹,宣传委员带领大家学习了《中国共产党简史》有关内容。长眠于十二桥烈士墓的36

名烈士，每一位烈士的事迹都可歌可泣，每一位烈士的革命情怀都感人至深，这些年轻的生命在生死关头的大义凛然，让参观者深感震撼。

在这里长眠的烈士，一共有36位。他们中有20世纪20年代初留法勤工俭学时入党，回国后任中共重庆地方委员会委员并一直从事党的文化工作和上层统战工作的杨伯恺烈士；有在1926年英军炮轰万县的"九五惨案"中英勇抗英、闻名中外的爱国军人，后来长期从事党的秘密活动的于渊烈士；有领导过"绵竹暴动"，长期从事上层统战工作的王干青烈士；有用世界语发表文章，积极同国民党反动派做斗争的许涛真烈士……其中，24岁慷慨就义的毛英才，是唯一一名女烈士。

毛英才是华西协合大学哲史系的一名进步女学生，1949年6月14日，参加毕业典礼后的第二天，毛英才突然被逮捕。原来，毛英才不慎遗失了手包，被小天竺街某成衣店老板捡到，老板在其中发现了共产党的宣传资料，遂举报至警察局。当毛英才到成衣店索回手包时，被警察逮捕，关在将军衙门。

虽然当时的毛英才还没有正式成为共产党员，但她一直在用自己所学的知识，不断向党组织靠拢。按照计划，如果毛英才顺利毕业，她会成为成都地区重要的共产党进步思想宣传员，却不料，她突然被关押。为了营救学生，当年的华西校长方叔轩还专门致信警察局，力证毛英才在学校一向没有违法行为；毛英才的父亲也赶到成都，试图保释女儿。经过疏通，对方要求，只要毛英才发表反共文字，就可放她出来与父亲一起回家。然而，年仅24岁的毛英才表面上答应父亲的请求，实际上并未想过反共，而是采用迂回战术，不断跟特务周旋。

在近年披露的一份长达一万多字的手写稿《女烈英才遗事》中，详细记载了毛英才在狱中的经历。手写稿中记载，毛英才被捕后，被关在专门关押女犯的六号牢房。这是一个黑牢，牢里密不透风，唯一的一扇很小的窗户，仅能供人呼吸。刚入狱时，毛英才曾产生过越狱的想法。她采用的方法是，光着胳膊赤足站立，背部紧靠墙脚，用手掌和脚趾抵住墙壁，使劲往上爬。可胳膊肘和脚趾头都磨破了，也没爬上去。后在一次"放风"中，毛英才在草丛中捡到一只旧指甲刀，回到牢房就爬到床下挖洞，连续挖了7个晚上后被发现。有一次，特务让她写"悔过书"，说只要写了，就可以让她跟着父亲一起回家，她严词拒绝："我悔啥子过？我无过可悔！"

1949年冬，随着国民党政权在大陆的崩溃，军统特务头子毛人凤等下达了"洗监令"，将其在西南各地逮捕囚禁的

十二桥烈士浮雕（摄影／袁义明）

共产党员、民主党派成员、革命青年和其他爱国志士全部秘密处死。当年11月27日，国民党在重庆渣滓洞、白公馆进行了疯狂的大屠杀，10天后又在成都制造了震惊全国的"十二桥惨案"。

当夜，时任军统成都稽查处中队长的唐体尧率武装特务16名来到将军衙门看守所，将32名政治犯押上刑车，驶达成都通惠门外的十二桥。当时，十二桥西南200多米的乱坟坝内留有抗日战争时期修筑的防空壕，屠杀便在防空壕内进行，32名政治犯被特务用刺刀和手枪杀害，并被就地仓促掩埋。20天后，成都和平解放。当时的成都市军管会立即组织力量，于1950年1月3日至7日分别在十二桥和王建墓（另有3名烈士于1949年12月3日在王建墓墓道中被杀害）发掘出35位烈士的遗骸。这35名烈士和在重庆牺牲的周从化烈士合葬于十二桥畔的青羊宫墓地，建立墓碑，故统称为"十二桥烈士墓"。

如今，呈现于我们眼前的烈士墓，墓前正中竖立一座纪念石碑，上面镌刻着"十二桥死难烈士墓"8个醒目的红色大字。浮雕广场上，前面是4排烈士纪念碑，36位烈士的名字和简要事迹刻在红色花岗石碑上。在墓碑之后，是一组大型浮雕。雕塑占地面积500平方米，分为《晨曦》《缅怀》两组塑像。《晨曦》取材红色花岗石，根据36位革命烈士的形象特点及英勇事迹组合成20米的长卷浮雕。《缅怀》肖像用汉白玉雕琢，母子手捧鲜花站在英烈墓前，表达了人民群众对烈士的怀念和敬仰。

据了解，1982年版电视剧《西游记》的导演杨洁的父亲，就是十二桥烈士中的杨伯恺同志。杨洁早在15岁就来到成都，随父亲居住。之后因为时局动荡，被父亲送到延安。杨洁曾在1982年和母亲回过成都祭拜父亲，在前些年的一次采访中，杨洁曾希望再次回到成都祭拜父亲，但终因身体原因未能成行。

70余年里，成都市政府先后几次出资修复、改扩建十二桥烈士墓，如今这里是成都市的"爱国主义教育基地"和"红色旅游基地"，已经成为成都青少年祭扫革命先烈，学习革命烈士英勇精神，继承革命遗志，努力学习、工作的教育课堂。

驻足于十二桥烈士纪念碑前，读历史展牌、听烈士故事，63岁的何红兰感慨万分。何红兰是达州的退休工人，半年前来到成都定居，这天特意来到十二桥烈士墓参观。一旁的解说员正在为开展主题党日活动的党员们做解说，何红兰跟着听了一路，多次以手拭泪，连声感叹："假如英烈们地下有知，看到今天人们的幸福生活，应该会很欣慰吧。"

陈毅在成都

生于四川省乐至县的陈毅,在成都有一段相当长的求学生涯。从1909年到1918年,他辗转就读于江西会馆两等小学堂(今锦官驿小学)、大田坎小学(今聚星小学)、四川省立第一甲种工业学校(简称"甲工校",成都工业学院的前身)。这期间,陈毅笃学好思,立志救国救民。1919年,陈毅从成都出发,赴法国勤工俭学,开始了他的革命生涯。

今天,我们从锦官驿到大田坎,从包家巷到成都工业学院,重访这位伟人当年在成都的求学足迹。

陈毅在成都

陈毅元帅像（摄影／米艳）

重走红色之路
——成都革命遗址中的先烈人物与故事

⊙ 从锦官驿到大田坎

1949年6月5日,刚刚就任上海市市长的陈毅在上海文化界的集会上,是这样谈起自己的理想信仰之旅的:"我开头是地主家庭出身,信孔夫子那一套。后来接受了新思想,改信'德先生''赛先生',变成了资产阶级民主主义者。最后,从法国勤工俭学回来,经过了矛盾、消沉、碰壁,才选择了革命的道路,确立了共产主义信仰。终生为之奋斗,虽九死其犹未悔。"

1901年8月26日,陈毅出生于四川省乐至县复兴场张安井村,他最初的名字叫陈世俊,是按照家族字辈取的名字。陈毅的父亲陈昌礼博览群书,学识渊博,琴棋书画,样样精通。母亲黄善书是大家闺秀,知书达理,教子有方。少年陈毅正是在这样的家庭环境中熏陶成长的。父亲敬仰北宋名臣寇准,常和他讲寇准的故事,并让他背诵寇准的《六悔铭》:"官行私曲失时悔。富不俭用贫时悔。艺不少学过时悔。见事不学用时悔。醉发狂言醒时悔。安不将息病时悔。"这成为他成长道路上的座右铭。陈毅从小就聪慧过人,五岁入私塾,六岁半读完"四书"。陈毅在其《早年回忆》中写道:"小时候,我记忆力很好,读书三遍就能背诵。"

后来,陈毅的外祖父用200两银子买了个湖北省利川县(今利川市)建南司巡检的职位,到外乡做官,父亲陈昌礼随之为书办(即文书),陈毅也随父前往。7岁的他在巡检衙门里,看到了太多的苦难和不平。他回忆说:"那时候留下一个至今难忘的印象,就是衙门里经常毒打犯人,使我在旁边看了非常难受。我很同情那些被打的人,在我心里开始种下了对旧社会愤怒不平的种子。"

现在的锦官驿小学(摄影/米艳)

陈毅九岁时，随父亲迁往成都，住在东门外河心村，就读于九眼桥附近的江西会馆两等小学堂，开始诵读唐诗、宋词以及《诗经》。江西会馆两等小学堂即今锦官驿小学，原位于成都市锦官驿街174号，2007年1月迁入东大街牛王庙段70号。如今的锦官驿小学地处水井坊，紧邻合江亭，是2005年由原锦官驿小学、芷泉街小学与胜利东路小学合并而成的，学校紧邻穿城而过的锦江，背靠具有千年历史的"水井坊"老酒窖和千年老街"水津街"。作为陈毅就读的第一所小学，锦官驿小学紧紧围绕这一教育资源，先后成立"陈毅母校小小解说团""青松广播站""陈毅事迹演说团"等，利用板报、广播、书报等各种形式向师生宣传陈毅元帅的生平事迹，让学生们对陈毅精神有更加深刻的了解，激发学生们的爱国热情。（据《四川省革命遗址通览》）

1911辛亥年，成都发生保路运动，陈毅和兄长被送回乐至老家。1913年春，他们兄弟二人被母亲接回成都，住在猛追湾附近的邝家大院。当年秋天，陈毅和兄长考入大田坎小学就读。大田坎小学即今聚星小学，位于成都市锦江区大田坎街143号，2004年，学校修建了"陈毅元帅母校陈列室"，被四川省关工委授予青少年文明行为习惯养成教育研究实践基地，并面向社会开放。2013年，大田坎小学并入成

都市教师进修学校附属小学（即成都市锦江区教育科学研究院附小）。（据《四川省革命遗址通览》）

关于在这里就学的经历，陈毅曾回忆道："我在成都上学，曾读过冯举人为校长的高等小学，还经常向学馆里的裴老师请教，听他讲课，写文章请他改。这段时间，读了《古文观止》《古文辞类纂》《千家诗》《唐诗集解》以及《西游记》《封神榜》等书籍，奠定了文化基础。"

陈毅提到的裴老师，是当时闻名成都的塾师裴野堂。裴老师非常喜爱品学兼优、相貌堂堂的陈毅，对他十分器重，寄予很大希望，可以说是视为己出，悉心指导、重点培养，并安排陈毅与自己的儿子裴先章同坐一桌。因陈毅年龄稍长，被裴先章以师兄称之。

裴野堂经过一番引经据典和深思熟虑，决定取朱熹《四书集注》中"士不可不弘毅，任重而道远"句之意，改"世俊"为"毅"，字"仲弘"。裴野堂将拟改"陈世俊"为"陈毅"的寓意与陈毅的父亲陈昌礼商议，陈昌礼觉得名实相副、寓意深远，便同意儿子启用"陈毅"名。（据《人民政协报》）

⊙ "甲工校"的陈毅纪念园

小学毕业后，是读书、务农，还是去城里做学徒，陈毅有自己的主意——他决定去报考甲工校。这所学校不仅传播实业知识，而且学费极少，父母同意了他的意见。

1916年2月，陈毅考入甲工校学习，但这时他却为自己改学名为"陈允明"。原来，陈毅在读小学时就喜好读

陈毅元帅与夫人张茜雕像（摄影／米艳）

书，他不仅喜欢杜甫的诗，还对"三苏"诗文情有独钟，尤其喜欢"苏老泉"（苏洵），对苏洵二十七岁发奋、三十而立的经历大为赞赏，因苏洵字"明允"，于是他便将明允倒过来为自己取名"允明"——由喜欢、崇拜而生出效法之意，表明了自己要努力攻读，掌握齐家治国平天下的本领，以此报效国家民族的意愿。陈毅后来在谈到这件事时说："那时我对中国文学的兴趣很浓，最喜欢读苏老泉的文章，他字明允，为此我自己取名为陈允明。"陈毅以"陈允明"之名在四川省立第一甲种工业学校染织科学习两年，此后再未用过这个名字，但他改名就读甲工校的事却成了长久流传的佳话。

陈毅第一次改名全由老师操持，"仲""弘""毅"都含有深意，也与他一生的品行、功业高度一致；而他的第二次改名则是独立自主，恰与他的个性和愿望相得益彰。

当时的甲工校，在人民公园附近的包家巷。陈毅每天徒步从家里到学校上学，几乎要穿过半个成都城，但早餐只有麦麸糊糊或红苕稀饭。正在长身体的时候，每天都在饥饿中度过，但陈毅并不在意，偶尔家里给他的几个小钱，都被他用于买书。后来陈毅回忆说，在这里，他"学习自然科学，对国际形势有了一些了解"。当时陈毅还在成都青年会学习过英文。而"辛亥革命以后四川连续不断的军阀内战,引起了我对于政治和社会问题的注意"。

在甲工校,几位老师给陈毅留下了深刻的印象。他在《给罗生特同志的信》中提到,"在成都遇见几个精通国文的老师"。在学校读书时,由于学习成绩好、文章写得漂亮,陈毅当时相当活跃,在学生中具有领导地位。他曾在一次国文课上公开发表自己的见解:"现在是民国了,无须出皇帝,况且孟子早就说过民为贵,君为轻,现在要多出几个科学家就好了!"这体现出陈毅追求民主、信奉科学的思想。

如今的成都工业学院内,建有"四川省立第一甲种工业学校旧址纪念园"——陈毅纪念园。大门是根据当年的照片复建的,其整体建筑集合了当年照片和现存于包家巷的部分教学楼的法式建筑元素修建而成。纪念园的外观造型采用了代表当时文化象征的手法——川西民居风格与西洋文化相结合的特色,绿化以松、梅为主,庄严中蕴含优雅。园内举办有"陈毅元帅生平事迹展",以实物和图片的形式,介绍陈毅元帅伟大光辉的一生,反映了他"追求真理、坚定信念;忠心报国,勇于献身;胸怀坦荡,无私无畏"的精神。走在陈毅纪念园内,参观学习者络绎不绝,铿锵有力的入党宣誓声、激情澎湃的陈毅诗词朗诵声不绝于耳。随着讲解员的讲

陈毅生平事迹陈列展（摄影／米艳）

述，来此进行党史学习教育的观众或伫立于历史照片、文献实物前，或两两交流学习感悟、践行之道。

在甲工校读了两年书，陈毅却又要换学校了。他后来回忆说："因家道中落，不能继续读下去了，便去报考熊克武开办的四川讲武学堂。"然而，在"数学考试时，我同座的张某不肯真心相助，弄了一个错误的草稿给我抄，以致不及格而落榜"。这是说当年陈毅偏科，数学不好，考试时"作弊"，旁人的草稿却是错误的，导致他落了榜，因此无缘在讲武学堂学习。不过，"落榜后，我曾想去当兵，但家里不允许。后来正好吴玉章办的留法预备学校招考，我和大哥陈

孟熙都考取了，这倒是上次落榜的好处。那是一九一八年，我十七岁"。（据人民网）

　　去法国必须要学好法语，陈毅一口的川北乡土口音，学习法语相当困难，但他没有退缩，而是苦学苦练。功夫不负有心人，1919年4月，他们兄弟俩都被录取为留法勤工俭学生，且排名靠前。当时规定考试成绩前30名者，可以享受官费赴法的待遇，即每人可得400元大洋的旅费。兄弟俩领到钱后，每人给母亲50元，然后各自置办了些简单的衣物，便于五月初五那天，从成都出发，踏上了赴法勤工俭学的旅程。这一年，陈毅18岁。

川大的革命先烈们

四川大学望江校区东区,是以往"老川大"的校址。6月,荷花已经盛开,空气中弥漫着植物的清香。这里的人文气息尤为浓厚,第一理科楼前,立着毛主席像;东区第一教学楼旁,是张澜塑像;文科楼对面,是吴玉章像。

再往里走,有一座四川大学革命烈士纪念碑。纪念碑是为了纪念为建立新中国而英勇牺牲的川大师生而于1985年修建的。纪念碑位于一个碑亭之内,碑前放着三束鲜花,是师生自发前来祭拜时敬献的。碑亭立柱上有一副对联,上联是"此间革命熔炉复地翻天留正气",下联是"我辈黉宫俊人继往开来谱新篇"。纪念碑背面刻有张培爵、王右木、恽代英、童庸生、杨闇公、袁诗尧、李正恩、江竹筠(江姐)等

| 重走红色之路 |
—— 成都革命遗址中的先烈人物与故事

四川大学革命烈士纪念碑（摄影/覃莉媛）

四十多位曾经在川大学习和工作过的革命烈士的名字。

根据不完全统计，有66名四川大学的师生在革命战争年代献出了生命，三分之二的烈士牺牲时还不满30岁，最年轻的烈士王向忠牺牲时只有19岁。

在英烈墙上最为熟悉的名字是江竹筠——江姐。1939年，19岁的江姐加入了中国共产党，1944年被重庆的特务跟踪，党组织为了保证江姐和整个重庆地下党的安全，安排江姐以"江志炜"这一身份，利用两个月的时间补习完成了高中三年的全部课程，随后顺利考入四川大学农学院，就读于植物病虫害系。据介绍，江姐在学校期间非常刻苦，尽管只用了两个月时间完成高中学业，但她在大学时候的成绩还算不错。

江姐在校期间如同知心大姐一般关心同学，有同学家境贫寒只能半工半读，江姐便把笔记借给他；有同学没有在校住宿，课余时间就在江姐的寝室自修。与江姐同宿舍的黄芬同学的父亲是国民党九十五军参谋长，江姐多次到其家中做客，在她的影响下，黄家姐妹加入了自由读书会等进步团队，其父也在1949年率部起义。

1946年，受党组织安排，江姐从川大退学，到重庆协助丈夫彭咏梧开展工作，最终在渣滓洞被敌人杀害。

如今的"江姐纪念馆"，是原四川大学女生院旧址，一座典型川西风格的三合院群落。在江姐纪念馆门前的广场上，有两个长廊展示区，挂着许多珍贵的历史照片。从照片中我们可以看到：1923年夏，在四川社会主义青年团的基础上，学校成立了四川地区最早的共产党组织——中国共产党成都独立一组；20世纪30年代，学生在郊外开展革命活动；1937年，师生在春熙路孙中山铜像前教群众唱《义勇军进行曲》……一幅幅珍贵的历史照片感人至深，不时有师生在照片前驻足。

| 重走红色之路 |
—— 成都革命遗址中的先烈人物与故事

江姐塑像前摆满了鲜花（摄影/陈元明）

川大展出珍贵的历史照片（摄影/覃莉媛）

毛英才是十二桥惨案中牺牲的唯一一名女烈士，她曾经是华西协合大学哲学系的学生，家境富裕，父亲本希望把她保释出狱，但她坚决不愿意遵从反动派的反共要求，面对软硬兼施和严刑拷打始终坚贞不屈，最终被杀害。

如今的成都列五中学的创始人张培爵曾经是四川省城高等学堂（后并入四川大学）优级师范科学生，他曾经组织师生参与了四川保路运动，由于在重庆首举义旗反清，对辛亥革命做出了重要贡献，1915年，他因为拒绝袁世凯的利诱被杀害于天津。

四川大学档案馆的前身是"成都工学院"，熟悉川大的人将这里称为"老科大"。进入档案馆，大门正对着的墙面上挂着鹿传霖的画像，每一层的楼道墙面上也都挂着如当年的学期积分表、入学登记表、西南军政委员会文教部命令等珍贵的历史文件资料。

馆长兼校史办公室主任毕玉说，四川大学历来就是"四川进步势力的大本营"和"西南一带传播革命种子的园地"，在血与火的洗礼中涌现了一大批为中华崛起而奋起的仁人志士。四川大学团委书记赵露说，之所以在清明节前夕举办祭奠先烈的活动，是希望让同学们牢记历史，不忘初心。时代赋予学生的职责发生了变化，战争时期，以江姐为代表的革命者用生命换来了新中国的成立，值得后人敬佩；而和平年代的青年学生，努力学习，奉献智慧，同样是为国家做贡献的体现，这就是当代学生的使命。

2014年9月29日，四川大学还上线了全国首个高校校友烈士纪念网，并首次公布了江竹筠、毛英才、刘伯坚等八名烈士在校期间的众多珍贵史料照片。包括：江竹筠入读国立四川大学时的入学登记表；四川党团组织主要创建人和大革命运动的主要领导人杨闇公烈士撰写的报告；成都十二桥烈士中唯一一位女烈士毛英才就读私立华西协合大学时的成绩单及毕业生名册；杨达烈士就读私立华西协合大学时的成绩单及课程表；成都十二桥烈士中的政治系社会学教授杨伯恺烈士翻译的古希腊哲学原著等。

川大学子及社会各界人士可以登录四川大学烈士纪念日网上献花网，阅读先烈事迹，了解先烈当年在四川大学学习生活的资料。网站设置了互动功能，不仅可以发表缅怀留言，也可以在网上向革命先烈献花以寄托哀思。

四川大学历史文化长廊（摄影/陈元明）

重走红色之路
——成都革命遗址中的先烈人物与故事

封进雕塑里的历史

最容易被忽略的往往是我们身边的风景,因为近在咫尺,让人错以为太过寻常。但有一种景致,不管身处何地,都不会被人们忽略,它们存在的意义就是为铭记、为警醒。

"二一六惨案"群雕就是这样。

新南门大概是成都人流量最大的几个地点之一了,每天熙来攘往,似乎与"安静"一词沾不上边。但你若出了新南门地铁站向北走,到河边再向东转,一转进去就好像进了另一片天地——不远处的车水马龙被屏蔽,喧嚣嘈杂被安静肃穆取代,"二一六惨案"群雕就在这里。

靠近河边立有一排粗大的黄葛树,虬枝峥嵘,遮天蔽日。群雕矗立于旁边的一片空地上,基座正面刻有

封进雕塑里的历史

"二一六惨案"群雕(摄影/米艳)

"'二一六'革命烈士永垂不朽"字样。群雕人物神情痛苦，但又坚毅决绝……

1928年2月16日拂晓，反动当局以杨廷铨被打死为借口，伪三军（24军、28军和29军）联合办事处处长向传义派出大批反动武装包围成都大学、师范大学和省立第一师范、师大附中、四川法政专门学校、志诚法政专门学校等，逮捕教员、学生100多人。仅在4个小时内便公布所谓"罪状"，以"破坏党纪，实属穷凶极恶"的罪名将其中14位革命志士"一律正法"，"以肃党纪"。中共党员袁诗荛、周尚明、李正恩、龚堪慎、钱芳祥、王向忠、郭翼棠、张博诗、王道文、胡景瑗，共青团员石邦渠、陈选及革命青年白贞瑞、韩钟霖被残杀于成都下莲池。

这是一场反抗国民党反动派和四川军阀反动统治的斗争。在中共成都市委领导下，以党员、团员为骨干，发动人民群众进行的一系列斗争，直接触动了四川军阀的利益。为了控制学生运动，刘文辉派他的军部秘书杨廷铨出任省一中校长，学生立即奋起反对，组成了以"石犀社"为核心组织的"拒杨同盟"，掀起了坚决反对杨廷铨到校任职的择师斗争。杨廷铨则仗恃有军阀做后台，于1928年1月14日带领武装士兵10人入校，强行接管校印，并出校告开除学生代表程进思等10余人。离校学生组织了"离校团",于1月30日在《国民公报》上刊登了《省立第一中学被迫离校团启事》,郑重声明"敝校此次拒杨运动已进行十数日,其目的在教育经费之彻底独立及为学校本身谋利益,并无所谓捣乱与受利用",指控杨廷铨武装劫校,呼吁社会人士给予支持。2月5日,成都各大中学进步社团的学生数百人在支矶石公园集会,声援省一中学生。2月14日上午,杨廷铨只身来校办理招生事宜。"石犀社"的程进思等百余学生入校质问杨廷铨,要求收回成命,恢复被开除学生的学籍,交出校印,离开学校。杨廷铨态度蛮横,拒不接受学生的要求,在群情激愤下被学生打死,其尸体被投入井中。

早在省一中学生打死杨廷铨以前,伪三军联合办事处已对成都地区的共产党员、共青团员和进步社团的领导者和骨干有了详细的记载,为其大规模的镇压做了准备。2月16日拂晓,反动武装将14名革命志士逮捕并于当天下午枪杀,造成了震惊全川的"二一六惨案"。2月19日,成都大学校长张澜向当局提出辞职公函,他说:"深痛学府之尊严已失,而人权又毫无保障,遂决心辞职。"成大临时学生会在抗议宣言中指出:"中国教育之被蹂躏摧残,莫极于今日","既痛公理之不伸,复惧人权之永失保障"。当年夏,众师生在少

| 重走红色之路 |
　　——成都革命遗址中的先烈人物与故事

市民在阅读"二一六"革命烈士纪念碑的介绍文字（摄影／米艳）

城公园举行了"二一六"死难烈士追悼大会。

　　如今，"二一六惨案"群雕在府南河岸边静静矗立，它沉默着，却又无时无刻不在提醒来往的人们不要忘记历史。不管是旭日初升时，还是天光黯淡时，都不断有市民在群雕前驻足，回望过去，缅怀先烈。

磨盘山"独臂上将"贺炳炎墓

贺炳炎上将之墓,位于磨盘山墓园中央。

贺炳炎(1913年2月5日—1960年7月1日),出生于湖北省松滋县刘家场(今湖北省松滋市刘家场)。1929年参加中国工农红军,同年加入中国共产党。在革命生涯中,历任红军连长、大队长、团长、师长,八路军120师716团团长、第120师独立第3支队司令员、358旅副旅长,江汉军区司令员,晋北野战军副司令员,西北野战军第1纵队司令员、第1军军长。参加过第二次国内革命战争,参加过举世闻名的二万五千里长征,参加过抗日战争和解放战争。先后11次负伤,身上留下16处伤疤,失去右臂,被称为"独臂将军"。中华人民共和国成立后,任中国人民解放军第1军军

重走红色之路
——成都革命遗址中的先烈人物与故事

"独臂上将"贺炳炎

长兼青海军区司令员、西南军区副司令员兼四川省军区司令员、成都军区司令员。1955年被授予上将军衔。1960年7月1日病逝。

  贺炳炎的一生颇为传奇。他9岁就到武当山学剑法,后又改学刀法,因此练出了一身好刀术。抗日战争时期,贺炳炎经常手抡大刀杀入敌群浴血肉搏,威震敌胆,后来升到师团级干部仍然如此。2005年有一部影片《太行山上》,梁家辉饰演的贺炳炎率部大战雁门关,独臂挥刀,日军士兵是沾着死碰着伤。历史上的雁门关伏击战,没有电影里表现的那么夸张，不过作为主要指挥员的贺炳炎确实也挥刀上阵，手刃了一名日军。

这场雁门关大捷，贺炳炎的716团共歼灭日军300余人，击毁日军汽车20多辆，继平型关大捷之后，又一次打破了"日军不可战胜"的神话，有力地振奋了民族精神，载入了八路军英勇抗战的光荣史册。

贺炳炎失去右臂，是在长征途中。1935年12月，为阻断南下的敌军，他带领红十五团担任先锋部队，在激烈的战斗中，他的右臂被威力巨大的达姆弹击中，骨头被炸得粉碎，整条手臂低垂在膀子上，但仍然坚持指挥战斗。

当时，既无手术器械，又无麻药，医生只好拿一把锯木头用的锯子为贺炳炎截肢。整整两个多小时里，贺炳炎奋力硬扛，汗湿全身，咬碎了堵嘴的毛巾，把旁边的医生护士都吓坏了。

手术后，贺龙元帅掏出一块手帕，小心翼翼地捡起几块碎骨头，向着所有的红军战士说："这是贺炳炎的骨头，共产党人的骨头，你们看看有多硬！"贺炳炎仅在担架上躺了6天，就又勒马率部驰骋沙场了，从此"独臂将军"名震中外。

除了作战勇猛，贺炳炎还喜欢钻研武器。在1945年对日军最后一战中，八路军由于没有攻坚武器，攻打日本人的碉堡和炮楼吃尽了苦头。当时八路军拥有的最多的武器应该就是缴获自日本人的掷弹筒，其次就是轻型迫击炮。而这些曲射武器无法进行攻坚作战。如果遇到硬骨头，八路军战士们一般都会使用炸药包这种老式家伙进行爆破作战。贺炳炎灵机一动：可不可以将这两个东西结合起来，变成一种新式武器呢？

1946年11月，贺炳炎建议改造迫击炮，加长迫击炮炮弹弹体，使炮弹头露在炮口外面，然后把炸药包绑在炮弹头外侧，用迫击炮弹来投递炸药包，迫击炮威力就增大了。为了让迫击炮既能平射又能高射，贺炳炎向炮兵排提出能否将击针改为扣动扳机。炮兵排在贺炳炎的督促下很快试验成功，改造了新的迫击炮：平射时可采取拉动击发，高射时又可采取撞击击发。贺炳炎的这一改良，使迫击炮的整个作战功能得到了根本性的拓展，被载入军事教程。

在贺炳炎的关心和领导下，部队又制作了"爆炸杆""爆破桶""坑道爆破绳"等新式武器。数月内连克朔县、宁武、崞县诸城。这些新式武器，对以后的蟠龙、清涧等地攻坚都起了很大作用，并成为后来西北战场攻坚作战中的有力武器。

贺炳炎在战争年代负伤11次，搞垮了身体。中华人民共

一位市民拿着白菊花走向贺炳炎上将之墓(摄影/米艳)

和国成立后担任成都军区司令员,工作繁重,伤病交加,却不肯休息,终致英年早逝。他病逝时年仅47岁,是第一位离世的开国上将,也是去世上将中最年轻的一位。

因为贺炳炎生前曾说"我战斗在成都,死也死在成都",家人和部下就按照他的遗愿将他安葬在这片他奋斗过的地方。60多年来,贺将军坟前一直祭奠不断。

追寻籍田红岩先烈丁地平的足迹

六月初的成都,雨停停歇歇地下,使得白日里的风完全没有夏天该有的燥热。在去籍田寻访红岩英烈丁地平的路上,凉爽的夏风一路相随。

车过华阳,一路向南,秦皇寺村、凉风顶村、官塘村、煎茶、鹿溪河……一个个满含诗意和乡野气息的地名次第闪现。鹿溪河在成都第二绕城高速南面连转两个弯,第二个弯再向南没多远就到了地平村。

地平村在成仁路东侧,路边置有一块巨石,上书"红色地平"四字。进村的道路颇有些曲径通幽的味道,两侧果树枝繁叶茂,鸟鸣不绝于耳。进了村首先映入眼帘的是红色文化长廊,几位老人正坐在廊下休息、聊天,一片安闲的景象。

红色文化长廊内有丁地平烈士的革命事迹介绍。

1911年2月25日,仁寿县籍田铺丁家河坝一户佃贫农家迎来了一个新生婴儿,父母希望其能飞黄腾达、平步青云,为其取名"丁青云"。丁青云8岁时,丁家父母倾其所有,将他送进了当地私塾。因其聪颖,1931年,由丁家祠堂资助,上了成都的一所高中。

在校期间,丁青云各门功课均名列前茅,在学习的同时,他还特别关心时局,和同学们热议国事,甚至走上街头参加抵制日货的爱国运动。丁青云的行为被族长指责为"不务正业",并因此停止了丁家祠堂对他的资助。

辍学在家的丁青云开始以种菜为生,在街上卖菜时又被军阀抓去关在军营服杂役,挨打受骂,他越墙逃跑回家后,仍读私塾。1938年,在金陵大学籍田农业补习学校半耕半读,两年后毕业留校工作,曾任教员、农场管理员等职。在此期间,丁青云阅读了一些进步书籍,懂得了不少革命道理。

几经波折的丁青云心里燃起了对不合理土地制度的怒火,他痛恨人压迫人、人剥削人。在读私塾的时候,丁青云就为自己改名"地平"。

1941年下半年,丁地平终于找到了一个可以实现自己理想的组织——中国共产党,并申请加入。随后,他以农校教员的身份为掩护，秘密传送《新华日报》，积极进行抗日宣传，组织"读书会"，并恢复了被国民党三青团破坏的中共仁（寿）、彭（山）、华（阳）特区委的部分工作。

1942年秋，丁地平分管中共仁寿籍田地区党组织的组织工作和中共煎茶乡地下党支部工作，并与党员邹玉琳、苏吉云等人在"读书会"基础上秘密组织了"青年会"，提出"逢善不欺，逢恶不怕"的公开口号。"青年会不能只搞一坨，发展得越多，穷人越有力量，吃亏越少。"丁地平说。此后，经党组织不断地发现、培养积极分子，陆续吸收青年会中的积极分子加入共产党，壮大了党的革命力量。

在丁地平的领导下，青年会在敌人统治力量较弱的石膏铺、老君场、二峨山一带发展迅速，并有力促进了中共煎茶、刘公、籍田等乡中共党支部的工作。1944年春，丁地平派人打进籍田等三乡的一些保甲、袍哥、乡公所里，利用敌人固有的矛盾，削弱了敌人的反共力量。

1946年秋至1947年夏，籍田地区久晴天旱，小春歉收，大春秧田龟裂，当地的地主豪绅与地方势力乘人之危串通一气，垄断粮油市场贱买贵卖、囤积居奇，导致民不聊生。在此背景下，丁地平领导群众开展"抗丁抗粮"运动和反饥饿斗争，强迫借田绅粮同意"二五减租"，为广大贫苦百姓带来诸多实际利益。

1947年秋，川康边人民游击队川南分队正式成立，丁地平任川南分队政委。丁地平拉起队伍爬上二峨山，会合另一支游击队，准备到洪雅山区打游击，迎接全国解放。在动员大会中，丁地平指出："全中国就要解放了，家家有地种、人人有饭吃的日子就要到来，但敌人还很疯狂，我们搞武装起义，能对反动军队起绊脚石作用，减轻解放军压力。"

农历七月二十一日，丁地平领导了"七二一"武装起义。当天夜晚攻打籍田街时，300余人带着60多条枪支冲到了籍田街上。战斗中，丁地平冲锋在前，腹部重伤，仍不下火线，继续指挥作战。这次战斗大获全胜，攻占了伪区署，夺得了一批枪支弹药。

伤愈后，丁地平受党组织委派，带领一批骨干到资中修路，领导农民罢工，打击克扣民工工资、伙食的工头，并用"此路不通，去找毛泽东！"的标语做秘密宣传等办法，打乱了国民党急于修通铁路的军事计划。

1947年11月底，丁地平化名丁文，几经辗转到重庆中央医院工作，由此开始了他在重庆的革命生涯。然而，正是1949年胜利在望的时候，由于叛徒出卖，丁地平于5月21日不幸被敌人逮捕。1949年5月23日，丁地平被押往西南长官公署二处，受尽毒刑，却依然英勇不屈，坚决不吐露一句同志们的消息。他被戴上沉重的镣铐，转移到了当时被称为"活棺材"的白公馆。

10月1日，中华人民共和国成立，第一面五星红旗在天安门广场冉冉升起。7天后，在重庆歌乐山下的白公馆监狱里，被关押在平房二室的狱友罗广斌、丁地平、陈然、刘国鋕得知了"中华人民共和国成立，国旗是五星红旗"这一消息之后，按捺不住激动的心情，当即决定在监狱内自制一面五星红旗，准备在重庆解放的那一天，打着这面五星红旗冲出狱门，迎接胜利的到来。

说干就干，罗广斌、丁地平、陈然、刘国鋕等人避开了敌人的监视，用小刀在黄纸上精心地刻出五颗星，用早上吃的稀粥将其粘在拆掉了绣花的红被面上，做成一面精致的五星红旗。红旗制好后，狱友们把牢房的楼板撬开一小块，秘密地把红旗珍藏起来，他们要等到重庆解放的那天，打着这面红旗，冲出去。

不幸的是，他们还没有等到黎明到来的一刻，就遭遇了敌人最后的疯狂屠杀。11月27日下午4时，白公馆的特务分子开始了对革命者的大屠杀。随着电筒闪着的寒光，特务吼道："丁地平出来！"怀着视死如归的大无畏气概，丁地平与同室同志一一握手告别后,戴着镣铐,昂首走出牢门,大声怒斥催促他的特务:"号叫什么,丁爷爷来了!"在牢房门口,特务将丁地平与刘国鋕铐在一起,推上刑车。临刑时,丁地平高呼:"中国共产党万岁!中华人民共和国万岁!"在嘹亮的口号声中壮烈牺牲,时年38岁。

地平村不仅村以英烈为名,在原小学校内还有一座烈士雕像,2010年开展土地整理,雕像被迁到附近的双流烈士陵园。雕像现在陵园入口附近一个清幽之处,掩映在树木和冬青丛中。雕像为汉白玉雕刻,烈士目光坚毅决绝。基座正面刻着原中共川康特委负责人马识途题写的"红岩英烈丁地平",背面刻着丁地平的生平事迹。

地平村村委会工作人员介绍,每年都有很多人前往地平村参观学习,到陵园雕像处瞻仰、祭奠,其中以学校、党政机关为主。今年4月到6月初,就已举行了48场次的参观学习。

据了解,至今,丁地平烈士的族人和后人大多仍生活在村中。"丁地平烈士有两个女儿,均已80多高龄,二女儿丁基镜现在还在村里生活,有团体前来参观学习时,还经常邀请她前去做报告。"

据说,小说《红岩》里,渣滓洞那个自称"乡巴佬"的

| 重走红色之路 |
——成都革命遗址中的先烈人物与故事

丁地平烈士雕像（摄影／阚朝阳）

丁长发就是以丁地平烈士为原型塑造的。读高中时,我偶然从家中书架上抽出了那本书,还记得书页泛黄、纸面粗糙,书的具体内容早就淡忘了,但看书时的感动至今仍涌动在心中。

想来人生真是奇妙,17岁读《红岩》时怎么也不会想到,很多年后我会跨越无数山与河流去到千里之外,在一个夏日去追寻书中人物原型的足迹。而这种"奇妙"还将继续下去——一定还会有人顺着命运或精神的指引来到这个叫地平的地方,瞻仰、缅怀,跟随先烈的足迹,坚定地走下去。

重走红色之路
——成都革命遗址中的先烈人物与故事

码头里的革命据点

锦江流出城以后，江面展得很宽，堤岸变浅，泥泞的滩涂也露了出来。江上弥漫着薄雾，白鹭掠过水面时而起落。远处的矮山若隐若现，山色翠得正浓，峰峦的阻隔将大河变了一个流向，河流在此处形成一个几字形的水湾。

苏码头是正兴场的旧称。相传，清末一苏姓石匠在正兴镇开采条石，利用水路下重庆上成都，正兴镇渐成码头，一时商贾云集、声名远播。曾经，这里千帆竞发、百舸争流。码头北面紧挨着华阳，向南顺江可达眉州、嘉定，继而陆路出云、贵，水路则达大海，水陆畅通无阻。

如今，繁华早已远去，锦江上再无到正兴镇的客船，而"码头"也早就名不副实。现在正兴镇只能由陆路到达。从成仁路向西转进杭州路西段,越往里走镇的味道越浓,旧时光的印迹越发明显,虽然还在成都市区范围内,但景象和气息已和"外面"截然不同。等走到头向北转进广东街,便仿若进入了时间的一个隐秘角落。

街两边的房屋和黄葛树看起来都有些年头了。树影重重叠叠地落下来,高粱酒铺、衣饰店、食杂店、面馆等小店掩映在树影下。店里顾客不多,街上人也不多,倒是常可见街边几人围在一起打麻将、闲聊。

苏码头旧址(摄影/阚朝阳)

这是一段下坡路，走到尽头豁然开朗。广东街正对着的是一个小广场，这就是码头旧址了。广场上有长椅和休闲健身器材，还有一条通道可下到河边。有位老大爷正坐在长椅上休息，脚边是一袋子鸡蛋。说起苏码头，老人的记忆似乎被惊醒："哦，那个渡口啊……"广场靠近路边立有一面装饰性的砖石屏风，上面介绍了苏码头的前世今生。

苏码头是中共仁（寿）华（阳）彭（山）历届特区委、特支开展革命活动的重要阵地，也是党在川西地区较早的革命据点之一。1932年，华阳县民主人士夏正寅、夏育群两兄弟从仁寿县的大化寺迁到苏码头居住。同一年，共产党员李剑青、林剑龙被转移到苏码头隐蔽后，食宿在夏正寅家里。其间，经常向夏正寅和夏育群两兄弟宣传土地革命的道理和红军胜利的消息，并同夏育群一道，在杨家碾、蔡家坝创办了两所农民夜校。当时，参加夜校的农民有100多人，夏育群、李剑青、林剑龙3人担任教员。他们一面教农民识字、学习文化，一面宣传讲解土地革命思想，启发农民的阶级觉悟。夜校还聘请夏育群的叔岳父冯慎三任军事教练，组织军训，以便在必要时开展游击活动。

1933年冬，李剑青对夏育群进行培养考察后，认为夏育群从事革命活动积极、斗争坚决，便主动介绍他入党。同时，夏育群被指派去川北搞军运，配合红四方面军活动。夏育群接受任务后，积极开展工作，建立了军事联络站（即地下兵站），受省军委领导。自此，川北的这个地下兵站和川西苏码头这个革命据点便互为依托，为开展革命活动提供了回旋余地。

1939年8月，中共川康特委派谭竞平到煎茶小学建立中共仁华彭特区委。随后，特区委在苏码头建立了3个党支部（苏码头街道党支部、"联小"支部、蔡家坝支部）。省工委、川康特委以及仁华特支、仁华彭特区委加强了对苏码头党组织的建设，使之成为领导苏码头革命的战斗堡垒。1939年，苏码头党组织先后选送了杨梓楠、夏森、夏逊、王梦凡、冯德枢、江宗禄、欧阳翼等一批共产党员和优秀青年到延安学习，为党培养了一批后备干部。

在抗日战争时期，苏码头党组织把领导各阶层群众广泛开展多种形式的抗日救亡宣传活动作为首要任务，抗日救亡宣传活动进行得有声有色，为抗日战争胜利奠定了坚实基础。

如今，夏正寅、夏育群两兄弟在苏码头的寓所夏公馆还在下河边街，与码头旧址隔路相望。夏公馆现在是成都市历史建筑，砖木结构，青瓦朱漆木窗，二楼设有走廊，楼上还伸出两座小阁楼。与夏公馆同属历史建筑的还有其东面的一栋老房子，老房子现在是旅馆，虽没有夏公馆气派，但同样可见川西民居的风采。

　　沿着广东街向河边走去找寻码头时，像是走在一条幽深的时光隧道中，隧道两端连接着现在和过往，树影婆娑中让人有些恍惚，分不清哪头是现在哪头是过往。但不管河水、时光如何流逝，过往的激情和热血都会一直回荡……

广东街北路口（摄影／阚朝阳）

新都的红色记忆

位于新都区新繁街道的龙藏寺,始建于唐代,2019年被列入第八批全国重点文物保护单位。如今,这里是四川省革命伤残军人休养院的老干部活动中心。阳光下的古刹,静谧、安详,行走于寺内,依稀还能感受到当年香火鼎盛的气息。

很少有人知道,龙藏寺曾经还有另外一个"身份"——1939年到1941年间,龙藏寺作为我党在成都活动的重要场所,被当时的进步人士称为"小延安"。

⊙ 龙藏寺

　　1939年5月中旬，日军飞机对成都进行大规模轰炸，成都市协进中学为保证教学正常开展，于6月从成都西胜街迁到当时的新繁县（今新都区新繁镇）龙藏寺。

　　在抗日战争时期，救亡运动的蓬勃发展，使私立中学的学生很容易受到革命的影响，许多私立学校的抗日救亡活动开展得如火如荼，成都市协进中学便是其中的一个典型例

龙藏寺（摄影／韩杰）

子。其前身为成立于1913年的四川省立一中，1933年更名为协进中学（后来便成为大家所熟知的树德协进中学）。革命烈士李硕勋曾在此就读和从事革命活动，该校也是革命时期我党在成都的活动据点之一，因为学校的校长和教务长都是爱国将领、进步人士或共产党员，所以有"红色学校""成都的陕北公学"的美称，当时社会上还有这样的说法："要救国，读协进；要革命，到陕北。"

协进中学迁到龙藏寺后，中共川康特委便决定将协进中学教员党支部改为中共新繁特支。改建后，当时的特支党员有30人，协进中学学生党员人数达到80人左右，相对于其他特支，龙藏寺里的党员显得尤其多。

在龙藏寺里，协进师生公开发行《新华日报》，传播八路军和共产党活动的最新消息；人们公开传阅马列主义和共产党书籍，以及《活路》《大声》等进步报刊；党员教师编写《五月延安》向学生宣传抗日救国思想；学校邀请文化名人郭沫若组织"孩子剧团"进行演出，进步电影演员赵丹帮助学生排练话剧，著名爱国人士沈钧儒到校做抗日演讲……在这里，众多的进步青年受到革命的启蒙教育，或走向延安，或穿上八路军军装，或留在敌占区参加地下工作……于是，这座占地300余亩，曾荟萃了苏轼、黄庭坚等古今著名书法家的200余座碑石的龙藏寺，开始因自己的红色故事，被载入中国革命的史册。

⊙ 旃檀小学

同样在新都，由旃檀寺改建的旃檀小学，也成了抗日宣传活动的战斗堡垒。1939年抗日战争时期，中共川康特委派遣一批地下党员到旃檀小学任教，恢复了中共新都特支。在

现在的旃檀小学（摄影/韩杰）

抗日救亡活动中，中共新都特支经过秘密培养考察，在全校13名教师中，发展党员5人，壮大了党的队伍。同时发动学校师生进行抗日救亡宣传，传播进步教育思想，培育人才，组织师生走村串户，张贴标语，散发传单，募捐寒衣支援前线将士等。他们组建了"刚草剧团"，在剧场、街头，以及马家场、三河场等演出话剧《放下你的鞭子》，演唱抗日歌曲《保卫黄河》等，用金钱板、莲花落、花鼓、双簧等宣传抗战前线的消息，进一步唤醒了民众抗敌御侮的爱国精神和民族气节，广大群众节衣缩食、慷慨解囊，纷纷捐钱、捐粮、捐衣,支持抗日。1940年,中共新都特支因被民国党破坏,抗日活动被迫终止。

"二楼是过去的瞭望台,特支部开展活动很需要这个瞭望台。"斑竹园街道旆檀社区党总支副书记陈维根介绍道。当时农村大多为一层瓦房,旆檀寺的二楼成了观察周围的最有利地势,党组织在召开活动或者开会的时候,就安排人员在瞭望台值守,以保证党组织的安全。

如今,这里已成为旆檀社区的两委办公点,里面附设有村党员活动室、老年文体活动室、农家书屋等。主体建筑保存基本完好的旆檀寺由旆檀社区代为管理,两棵具有500年历史的黄葛树也被保护了起来。"平时有很多支部,各个社区支部都会来这里参观学习,我们平时也是开放的,很支持欢迎大家来参观学习红色历史。"陈维根说。

⊙ 桂湖湖心楼

新都是川西地区中共地下党组织成立较早的县之一。在如今的桂湖公园内,也曾有当年的革命据点。桂湖湖心楼始建于清代末年,1928年,中共新都特支成立,第一任书记陈晓

新都的红色记忆

桂湖湖心楼（摄影／韩杰）

岚是当时的市政公所所长，便利用职务之便，在湖心楼开办了"通俗图书馆"，积极开展反封建斗争，大力宣传革命主张。

1929年10月，中共新都特支改建为县委，县委机关即设在通俗图书馆内，而后以这里为阵地，举办了平民夜校和各种补习班，向劳工与青年宣传进步思想和革命道理，开展革命启蒙教育。同时印发传单，陈列、借阅《共产党宣言》和革命期刊，传播新思想和新文化。

当年11月11日，正值通俗图书馆开馆一周年，中共新都特支负责人黄霖专门撰写一副革命对联："到这里来，能够看见历史发展的艰辛；从这里去，可以走向世界辉煌的佳境。"横联是"打开眼界"。当时，中共新都特支还以图书馆的名义，油印黄霖起草的革命宣言，广为散发，其中两句为："说我是指路碑也好，说我是照妖镜更妙。"中共新都特支在此举办的各类宣传教育活动，激发了群众的革命参与热情，推动了革命活动的开展。1933年5月，因国民党反动派破坏，以湖心楼为阵地的革命活动被迫终止。

1984年，桂湖湖心楼在翻修时，在屋顶发现了众多珍贵的革命文物，包括：1927年—1929年，中共中央、中共四川省委和中共川西特委文件、刊物汇集共计18本，其中国家一级文物5件。（据《四川省革命遗址通览》）

灵岩山上的竹林寺

都江堰的灵岩山,很多人都不知道这个隐秘的去处。它就位于都江堰市区的西北角,与玉垒山相邻。从灵岩山往北走不到十里就是著名的紫坪铺大坝,滚滚的岷江水顺流而下,从灵岩山边奔腾而下涌入都江堰水利工程。

在灵岩山山脚,有一条10余里的小路一直通往七星岩,这便是灵岩古道。北魏孝文帝时期建灵岩古刹时,便有了这条佛家小路。如今,从风雨侵蚀的古迹中,还能窥见古道的些许痕迹。

在路的两旁,漫山都是高挺的银杏树,如果是秋日,这里会有不少来拍照打卡的人,很多人还会去山上的灵岩寺走一走。不过,山上还有一处寺庙,叫作竹林寺,就不太为人所知了。1928年3月的一天,张子玉、干希宇等以游览竹林寺为名,在竹林寺召开了中共灌县(今都江堰市)历史上第一个特别支部成立大会,正是因为此处来人甚少。

1928年初,灌县(今都江堰市)建立中共党小组。党小组建立后,领导了灌县茶酒商反对国民党灌县当局征收茶酒桌捐的斗争,并取得了胜利。斗争的胜利扩大了党的政治影响,锻炼了一批进步青年,为党组织的发展创造了条件。之后,党小组先后接收王用全、蒋澄中、付于天、欧阳开云等为党员,党组织在斗争中得到了发展。为了适应组织的发展和斗争的需要,党小组开始了筹建党支部的工作,并请示中共川西特委,中共川西特委同意灌县建立中共灌县特别支部。

1928年3月的一天,张子玉、干希宇等以游览竹林寺为名,在竹林寺召开了中共都江堰市历史上第一次特别支部成立大会。参加大会的有张子玉、干希宇、王用全、蒋澄中、陈益帆、欧阳开云、付于天。会上,张子玉做了大会讲话,大意是:目前,我们的任务是深入群众、宣传群众、争取群众,在群众中揭露国民党的反革命面目,教育群众丢掉对国民党的幻想,在群众中逐步积蓄党的力量。我们要抓住群众抗捐抗税的机会领导群众斗争,善于把秘密的斗争同公开的斗争结合起

如今的竹林寺山门(摄影／韩杰)

来。要善于倾听群众的意见、了解群众的要求，积极发展群众组织。干希宇讲了中国的农民问题和党在土地革命时期的政治主张，向农民群众宣传实行耕者有其田、打土豪分田地等主张，以扩大党在群众中的政治影响，并加深群众对共产党的了解认识。他还讲了党组织的铁的纪律。

大会选举干希宇为中共灌县特别支部书记，王用全负责组织工作，蒋澄中负责宣传工作，陈益帆负责农运工作，工运工作由干希宇兼管，学运由王用全兼管，欧阳开云负责交通工作。

竹林寺会议后，党组织同志积极贯彻会议精神，积极发展群众组织，宣传反帝反封建，宣传革命。在党组织的领导下，灌县欧阳开云与成都戏剧协社联系，发起组织了"灌县戏剧协社"，以自编自演节目为主，利用公开演出的机会向群众宣传反帝反封建，宣传革命，宣传自由平等，提倡个性解放。为了扩大影响，戏剧协社还为灌县红十字会募捐演出郭沫若写的《卓文君》、田汉写的《南归》。由此，党组织得到迅速发展和壮大，为1929年县委的建立奠定了很好的基础。

灌县的"红色学校":金马小学

20世纪20年代末,在成都平原灌县(今都江堰市)金马场一带,常常会看到一群男女少年,他们唱着校歌,行走在街头,宣传抗日,他们是灌县县立第三小学的学生。因为地处金马,灌县县立第三小学又被当地人叫"金马小学"。这所学校和一般的学校不一样,虽然处在国民党灌县当局的统治区内,又为国民党灌县当局所办,但教师大多数是进步青年和共产党员;校徽标志着红色的希望,校歌是火的迸发、红色的奋进;学校环境是进步的氛围、红色的熏陶;学校活动是宣传民众、孕育红色的风暴;学生后来有不少加入了中国共产党。因此,人们又把这所学校叫作"红色小学"。

灌县县立第三小学的前身是灌县职业学校。灌县职业学校校址最初在县城内。灌县党组织创建前，职业学校是进步青年活动的据点，学校里的进步活动非常活跃。灌县党组织创建后，职业学校成为党组织开展活动的联络中心。1929年春，灌县职业学校迁到金马，改为灌县县立第三小学。

为了工作的开展和便于领导，中共灌县特别支部将随学校去金马的党员和不能随学校去金马的党员编为金马小学党小组和城关党小组两个党小组。金马小学党小组由王用全负责。党组织在金马小学的工作是乘势引导，提高师生对革命的认知，营造学校的革命氛围。在学生生活环境和学习环境的策划方面，为学校提供建议，配合校长打造学校。1929年秋季开学，中共四川省委派胡俊辉、王俊超、王治平到灌县协助党组织工作。为了把这所学校开辟成党在农村的活动据点，王俊超被安排在金马小学，以教师身份为掩护开展党组织工作。党组织在学校得到迅速发展，嗣后建立了金马小学支部，党员有王用全、蒋澄中、付于天、胡伯康、王俊超等，王用全任支部书记。

金马小学时任校长叫曾达经，是一位有一定进步思想的知识分子，在他的影响下，学校教师和学生的思想比较活跃。该校在灌县教育界最先冲破封建思想樊笼，率先在灌县地区农村招收女孩子入学,实行男女学生合校学习。每周六的学生演讲会上,教师还有目的地培养女同学登台讲演,男同学能做的事尽量培养女同学也去做,从实践中教育大家男女平等。学校办墙报,稿子是教师和学生写的,有国内外消息、诗歌、故事、感想等。女学生干玉梅还写了一篇《逃婚记》在墙报上登载。文章控诉了封建婚姻的罪恶,鞭笞了落后的封建礼教,以大无畏的精神向往自由平等,向往未来。后来这位女同学到山西参加了抗日游击队。在党组织的策划下,学校组织学生上街宣传演讲,排着队唱《国民革命歌》。同时,他们也教群众唱,启发群众阶级觉悟,宣传反帝反封建思想。学生向群众演讲日本人枪杀上海工人顾正红事件和五卅惨案;宣传什么是帝国主义,提倡民主平等,反对妇女缠足;提倡妇女读书学文化,反对封建婚姻。学校很受群众欢迎,远远近近的家长都愿意把自己的子女送去金马小学念书。学生来了之后也不愿离去,他们觉得这所学校处处都充满生气,学生思想非常活跃。

学校建立了由党组织领导下学生自己的组织——学生会,培养学生的自治能力和管理能力。学校通过各种活动的开展,使学生受到了一定的革命教育,对马克思主义和共产党有了初步的了解。在革命思想的熏陶和党组织的培养教育下，从这所学校毕业的学生后来不少加入了党组织，如肖章銮、陈席儒、干玉梅等。

金马小学在学生家长和群众中的影响愈来愈大，在党组织的努力工作和培育下，金马小学已成为当时党组织在农村开展工作的大本营。

如今的金马小学已更名为都江堰市天马学校，位于都江堰市天马镇长虹村，西靠灌天路，交通便利。

2021年3月1日是都江堰市各中小学春季学期开学日。回到校园的第一天，天马学校为学生们准备的第一课便是学党史。"如果不是那一面高举的红旗，怎会有今天壮丽锦绣的

曾经的金马小学已改名为都江堰市天马学校（摄影／韩杰）

山河？"在天马学校主题为"从小学党史，一直跟党走"的开学典礼上，八年级5位学生代表站到台前，用声情并茂的诵读带着大家共同回顾了中国共产党建党100年来所经历的重要阶段。除了诵读党史经典，在该校红色教育馆，老师还为七年级的学生们上了一堂红色课程。

孩子们学习革命先烈的事迹（摄影／韩杰）

"1928年,中共党员王俊超以教师的身份做掩护,到金马小学,也就是我们天马学校的前身任教,发展党员,建立了党支部。"革命先辈如何将红色革命思想传播到灌县城,如何在当时的金马小学建立起党支部,在老师的讲述中,同学们对这段红色历程有了深刻认识。"听了革命先烈的事迹,我们都特别受鼓舞,也更加珍惜当下的幸福美好生活。我们一定要好好学习,将来成为有建树的人。"七年级学生董家蕊说道。

今年是中国共产党建党100周年,天马学校校长田林表示,把党的历史学习好、总结好,也是学校接下来的重要思想教育工作之一。"今年我们将把党史教育与教育教学结合起来,充分利用好五四青年节、六一儿童节、校园艺术节等活动载体,开展学党史、迎建党一百周年的系列活动。此外,我们的党员教师讲党课、全校师生学党史系列教育也在进一步筹划中。我们希望全校师生通过学习党史经典,追寻党性之光。"

彭州法藏寺的红色记忆

从彭州市区出发,约半个小时的车程,就到了丹景山镇的石洞埝社区。沿着杨柳依依的鸭子河步行十来分钟,就来到建于明朝万历二年(1574年)的古凤仪桥。一过桥,美丽的凤凰山就呈现在眼前。凤凰山,因地形而得名,法藏寺就坐落在这只凤凰的背上。

法藏寺原名弥陀庵,建于唐哀帝四年(907年),至今已有1100余年的历史。因智中一天禅师于庙后修建的"摇亭碑"而著名。寺内古楠参天、古柏森森,石桥、古寺、石径,这些由凤凰山上的大沟潺潺的流水串联起来的人文景点,给这里的自然风光平添了几分历史的沧桑。你不会想到,彭县(今彭州市)第一次党员大会就是在这里召开的。

| 重走红色之路 |
——成都革命遗址中的先烈人物与故事

法藏寺（摄影／韩杰）

1925年秋，出生于彭县南大街一个书香门第家庭的杨石琴为了传播革命思想、发展革命力量，奉命回川，任共青团成都负责人。不久，杨石琴回到彭县，开办平民夜校，又组建了进步学术团体——"维新学社"和"鸣皋俱乐部"，传播马克思主义，为彭县的革命斗争培养了一批骨干力量，为党组织的建立打下了组织基础和思想基础。

1926年上半年，中共彭县支部建立，杨石琴任支部书记。杨石琴是彭县地下党组织的创建者和第一位领导人。1928年3月，因杨石琴已离开彭县赴上海，川西特委派苟永芳（化名尹方明）来彭县担任特支书记，整顿党的组织。在彭期间，苟永芳筹建了蔡家山农会，先后发展20多人入党。后经中共川西特委批准，中共彭县特支改为中共彭县委员会，苟永芳担任书记，继续积极发展党员，全县党员在1928年6月时达82人，是彭县新民主革命时期党员最多的时期，当时的彭县被誉为"赤色彭县"。

1929年，杨石琴返回彭县后，便在丹景山镇法藏寺碑亭主持召开了全县第一次党员大会，参加这次会议的党员有40人左右，史称"1929年彭县党员大会"。会上，杨石琴说："我们这个党不能和任何人讲，就是砍头也不能出卖同志。在发展党员时人员一定要可靠，要经上级批准。现在全县建立了许多工会、农会，有了这些组织才有力量打倒土豪劣绅，推翻国民党。大家回去后在条件成熟的场镇要设立联络站。"会上他还将川西工联印发的《土地法大纲》发给大家，要求回去后在工农群众中广为散发。这次大会开启了彭县共产党组织的历史篇章，为彭县地下党的发展、壮大奠定了坚实的基础，在彭县党史上具有里程碑意义。

此后，彭县地下党相继成立了彭县矿工工会等组织，并开展了一系列的革命活动。1930年10月25日，"广汉起义"失败，白色恐怖加剧。其间，彭县地下党员、工会副会长刘月亭被捕后被毒死狱中，杨石琴、钟辉也相继被害。至此，彭县地下党组织被敌人完全破坏。

1929年彭县党员大会遗址——法藏寺碑亭（摄影／韩杰）

何秉彝烈士纪念地

在彭州市档案馆有这样一份档案,是一位学子在90多年前从成都写给父母的家书。

这封布满密密麻麻字迹的家书,出自彭县(今彭州市)青年何秉彝烈士之手。何秉彝出生于四川省新繁县一个地主兼商人家庭,1914年随父母迁居四川省彭县。

这封信写于1924年春天,时年22岁的何秉彝,即将从成都工业专科学校毕业,准备报考大学。他在信里写道:考大学的事情,"要首先认识清楚自己,在志趣未定之先","就要郑重的考察,仔细的鉴定",才能使之成为自己"矢志不移的志向"。

那么,何秉彝的志向是什么呢?他在信中写道:"男现在是

| 重走红色之路 |
——成都革命遗址中的先烈人物与故事

游客瞻仰何秉彝烈士雕像（摄影／韩杰）

二十世纪的新青年……生在这离奇的二十世纪的社会里，便要为二十世纪的社会谋改造，便要为二十世纪的人民谋幸福。"

1924年8月，何秉彝终于如愿以偿，进入上海大同大学读书，后转入上海大学社会学系，专攻社会科学与马克思主义理论。到达上海后，何秉彝就开始接受新思想，并积极传播新文化，他还组织成立了"彭县旅沪学会"。

1925年初，何秉彝被选为上海大学学生会执委和上海学生联合会秘书、共青团上海地委组织主任，并加入了中国共产党。同年5月30日，中国共产党领导下的群众性反帝爱国运动——震惊中外的五卅运动爆发,担任运动总指挥机关上海学联联络员的何秉彝,在南京路遭到英国巡捕枪击,身负重伤,于次日壮烈牺牲,时年23岁。

1984年夏,为了纪念何秉彝烈士,在彭县北大街的公园内建立了秉彝亭,由李一氓亲笔题写亭额"秉彝亭"三个大字。后来因城市规划和城市建设需要,秉彝亭被移到了天彭镇金彭大道旁的"彭州园"内。2006年元月,亭内又立起了何秉彝的汉白玉雕像,以供后人瞻仰、凭吊,缅怀先烈的丰功伟绩。

露萍广场

在崇州市中心的露萍广场，矗立着一名女烈士的雕像——她就是我党永不凋零的巾帼玫瑰张露萍。

张露萍1921年出生于四川省崇庆县（今崇州市）。1937年，在成都读中学的张露萍，加入了党的外围组织"中华民族解放先锋队"四川总队，积极投身抗日救亡宣传活动。同年11月，在党组织和共产党人车耀先的帮助下，张露萍奔赴延安，先后就读于陕北公学和抗日军政大学，1938年10月加入中国共产党。

在延安，张露萍给父母写了一封朴实的家书。信的开头写道："今天又是三月二七号了，搬（掰）着指头数一数，小儿离开你们的膝前已将五月了。"从信中可以体会到她作为

露萍广场

露萍广场（摄影／韩杰）

| 重走红色之路 |
——成都革命遗址中的先烈人物与故事

一名战士的情怀：思念亲人，但又无私无畏。虽然离开父母不到五个月，但是在当时那种情况下却是很难熬的，从家书中写的"在这短短的数月中，使我感到好似几年样的挂念你们。所以我每时刻都在为你们祈上天保你们的康健"，可以看出张露萍对于父母的挂念。都说"父母在，不远游"，但身为共产党员，即是一名战士，在国家危难之际，必须身先士卒，保卫家国。对于抗战，她充满了信心，虽然所处的环境十分恶劣，但她毫不退缩，为了祖国人民的幸福生活不怕艰难险阻，努力奋斗。同时，她又不想让父母牵挂，不想让父母担心和忧虑。

1939年深秋，张露萍告别生活了近两年的延安，告别战友，告别新婚不久的爱人，受党派遣回四川工作，秘密打入重庆国民党军统局电讯处及电讯总台，担任党在军统局的地下党支部书记。他们白天分头工作，晚上秘密聚会，传递情报。张露萍还负责与中共中央南方局联络，把同志们从军统机关截获的重要情报送到南方局。他们在艰苦的环境下继续发展党的组织，支部成员达到7人。

张露萍领导的地下党支部犹如一柄出鞘的利剑，插在敌人的心脏，在敌人最森严、最机密的特务首脑机关里，构建了一个党的"红色电台"，同敌人展开特殊的战斗。他们及时准确地提供了许多重要情报，使党组织多次躲过敌人的破坏,并使敌人的许多秘密行动被我党掌握。

1940年3月,地下党支部不幸暴露,引发了震惊国民党上下的"军统电台案"。张露萍等7名同志全部被捕,被关押在重庆白公馆监狱。面对严刑拷打,张露萍等同志始终没有屈服招供,敌人用尽酷刑,还是一无所获,后将他们7人转押到贵州息烽集中营。

1945年7月14日,敌人把张露萍与张蔚林、冯传庆、赵力耕、杨光、陈国柱、王锡珍7人押上刑车。在通向刑场的路上,张露萍领着战友们高唱《国际歌》,悲壮激越的歌声表达了共产党员视死如归的大无畏气概。刑场上,张露萍和战友们用尽全身的力气高呼:"打倒国民党反动派!""中国共产党万岁!"党的好女儿张露萍英勇就义,牺牲时年仅24岁。

在狱中,他们不仅受到敌人非人的折磨,还受到狱中同志的误解,但他们对党忠诚依旧。日本投降前夕,张露萍等同志英勇就义,至死未暴露党员身份,成功保护了上级机关。直到20世纪80年代,在叶剑英、陈云等中央领导的证实和指示下,经过调查,张露萍等同志的事迹才逐渐公开。

|重走红色之路|
——成都革命遗址中的先烈人物与故事

红军在成都邛崃的峥嵘岁月

1934年10月,中国共产党领导中国工农红军开始了震惊世界的二万五千里长征。1935年11月至1936年2月,红四方面军途经邛崃,在邛崃地区扩军、备战、筹粮,组建了苏维埃政府。在这段难忘的峥嵘岁月里,红军留下了无数可歌可泣的光辉事迹,也留下了许多珍贵的红色印记。

⊙ 红军长征纪念馆

从成都出发,驱车两个多小时,便到了天台山脚下,红军长征纪念馆便在眼前了。一路过来,风景相当优美,狭长的

红军在成都邛崃的峥嵘岁月

邛崃红军长征纪念馆（摄影/韩杰）

沟谷里清泉潺潺、竹木青翠，溪上廊桥横架，溪边木屋隐现。遥想起当年红军长征时的情景，想必这样满目的崇山峻岭，也为红军行军增添了不少难度。不过，"红军不怕远征难，万水千山只等闲"，即便没有路，但革命理想高于天，红军照样翻过了这样一座又一座的大山。

红军长征纪念馆，位于邛崃市高何镇高兴村石塔寺，坐落在国家级风景名胜区——天台山脚下，又与国内罕见的石塔寺石塔遥相呼应，这里曾是红军战斗、工作和生活过的地方。

邛崃是成都地区唯一一个红军长征经过并建立苏维埃政权的地方。1935年11月，西征南下进入邛崃的红军，在太和、夹关、天台、南宝、银杏等地与20余万国民党军队作战数十次，取得了重大胜利，控制了大片土地。并先后在邛崃市建立起太和区、石塔寺两个区级，火井乡等9个乡级和22个村级苏维埃政权。

在香炉山攻防战中，香炉山作为邛崃境内三镇（乡）交界的制高点，由红军一个排驻守。1935年11月10日，山上红军连续两次打退敌人的集团冲锋并及时转移。

在鱼岩防守战中，1935年11月18日夜，红军派出20余人，由群众带路，夜袭驻扎在鱼岩两侧山头的敌军。红军四处吹响冲锋号，两侧山头的敌军认为已被红军包围，便仓促交战。红军悄然撤回，敌军一直打到天亮，才知道是自己打自己，伤亡100余人。

　　红军在名山、邛崃最著名的一场战役当属百丈关战役。1935年11月14日至21日，敌我双方20多万兵力，在以百丈关为中心的直径约十公里的区域内展开了阵地争夺战。这场战役，红军重创敌人，歼敌1.5万余人，红军损失也极大。在战斗中，有的红军战士子弹打光了，就提着汽油瓶往敌阵冲。这些大大小小的战役，无一不体现了红军不怕牺牲的大无畏精神。

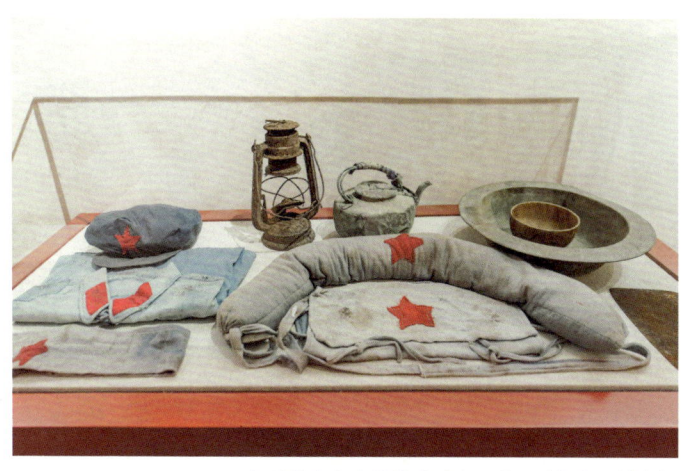

红军长征纪念馆展出的红军物品（摄影／韩杰）

蒲江成佳镇红军墓（摄影／韩杰）

⊙ 成佳红军墓

在蒲江，红军也留下了战斗的遗迹。1935年11月21日，为了策应百丈关战役，红32军军长罗炳辉奉命率部由百丈崖绕道马鬃岭进攻蒲江，"意欲由蒲（江）而新（津），由新（津）而彭（山），以收威胁成都，囊括名（山）邛（崃）之效"。红32军（实际上只有一个团，不足千人）从名山马鬃岭经合江镇，进入蒲江县陈家营（今成佳镇）。

红军到达陈家营集镇，适逢赶集，罗炳辉骑着白马在场口集中部队做战斗动员。红军向街上过往的群众宣传政策，受到群众欢迎。红军在陈家营天华街茶馆找了两位乡民带路，准备进攻蒲江县大兴场（今大兴镇）。下午，红军队伍到达火烧庙（位于成佳镇麟凤村），设指挥部于火烧庙，在火烧庙的墙壁上书写"打倒蒋介石！""活捉刘湘！""反蒋抗日，自救救国！""直接对日作战！""拥护中国工农红军！"等大标语。

不过，在后续的战斗中，红32军由于刚经历百丈关战役，弹药缺乏，又疲惫又饥饿，体力日渐衰弱，伤亡人数不断增加，只能向名山、荥经方向撤走。红军在蒲江的战斗中,共牺牲指战员20余人,他们被安葬在大兴至成佳一带。在成佳,现存红军墓一座,1982年10月9日被蒲江县人民政府列为文物保护单位。

在成佳,当地村民只知道这里是红军战斗过的地方。当年有两名红军战士在此牺牲。至于两名红军战士的名字和籍贯,至今无人知晓。随着当地八九十岁的老年人纷纷离世,今天也少有人讲得清楚他们是怎么牺牲在火烧庙的。

沿着一条小路转两个弯,穿过一片橘子林,映入眼帘的是一个占地面积约300平方米的小墓园。远远地就可以望见墓园四周的围墙以及几棵挺拔的松柏。这是我见过的最小的烈士陵园,安葬着两名红军烈士,他们战斗于此,牺牲于此,也就安息于此。

当年的火烧庙,就是如今的麟凤新村。据了解,火烧庙的得名是因为村民贫穷,每家每户都是茅草屋,一不小心就会付之一炬。如今,茅草屋没有了,取而代之的是一栋栋造型精美的"乡村别墅"。最早的碎石路也被红绿相间的绿道取代。绿道旁,一条条木制栈道和石板铺成的步道向茶山深处延伸。沿着栈道走进去,清澈的小溪、起伏的茶山、幽深的马尾松林、千亩海棠和茶花,让人心旷神怡、流连忘返。

⊙ 苏维埃旧址

红军在组织战斗的同时，还利用战斗间隙，派出宣传队，在要道、桥梁、山岩、山壁，以及街面、墙壁上，刷写、錾刻标语，并张贴油印传单，同时以交谈、询问、拉家常和教唱革命歌曲等形式，向当地群众宣传党的主张和革命道理。

当时红军的标语口号简单直接，冲击力强，他们有时还请木工刨平一些小木板，在上面写上红军的主张、捷报等，或砍些竹子划成竹片，在上面写上标语口号，再把这些木板、竹片一背篓一背篓地运到河边，倒在河里，让水把它们冲到国民党辖区去。这些木板、竹片起到了一传十、十传百的宣传作用，群众亲切地称之为"水电报"。

在邛崃，红军还建立了区、乡、村苏维埃政权。如今的石塔寺内，就有当年石塔村苏维埃旧址。村苏维埃，即村的工农兵大会，由全村群众大会选举产生，或由村以下的十家代表选举产生。邛崃的村苏维埃，采用十户代表会议（由每户穷苦农民选出一名代表组成），负责主持酝酿和选举产生村苏维埃的组成人员和出席乡苏维埃代表会议的代表。村的十户代表会议的执委会，一般由主席、土地委员、粮食委员3人组成。

在对待沿途百姓方面，红军的纪律非常严明。红军进入成都境内后立下的"六项注意"，也就是我们所熟悉的"三大纪律八项注意"的前身。从"言语和气""借东西要还""损坏东西要赔偿"等规定中可以看出，红军进入成都境内后纪律相当严明。

红军的积极宣传和严明作风，得到了老百姓的认可和追随，不少青壮年农民争先恐后报名参军，出现了许多父送子、妻送夫，父子同报名，兄弟、姐弟一同参加红军的感人场面。1936年2月，红军战略转移出邛崃时，有963名邛崃儿女随红军北上。

为了继承革命传统，弘扬长征精神，成都市人民政府根据土地革命战争时期邛崃地方党组织有效建立与扩建，武装斗争有效开展，先后两次建立苏维埃政权，有效开展土地革命的光荣历史，于1996年9月11日，批准确认高何等11个镇乡为第二次国内革命战争时期根据地（习惯上称之为"革命老区"）。邛崃于1997年1月在天台山石塔寺景区筹建红军长征纪念馆，1998年7月28日建成开放。

走进馆内，一组青铜红军雕塑耸立正中，厅壁正面鲜

红军在成都邛崃的峥嵘岁月

石塔区苏维埃政府旧址（邛崃市委宣传部／供图）

石塔区苏维埃政府旧址指挥部内部（邛崃市委宣传部／供图）

红的巨幅绒板上，镶嵌着毛泽东题写的"英勇奋斗的红军万岁"九个金色大字。陈列馆展厅左右的两个玻璃钢展柜，一个陈列着精心制作的区域沙盘，一个有序排列着300余件历史文献、资料、图表和100多件实物，这些文物与展板的丰富内容，形象直观地再现了红军在成都的光辉足迹。

在纪念馆的背后，建有红军亭。这里集中陈列展示了1935年红军在邛崃时錾写的标语24通。一段段刻骨铭心的文字也诉说着那段峥嵘历史。跟随讲解员走在长征小道上，小道时而依山，时而傍崖，不仅有对历史的深沉铭记，有对意志的生动写照，更有对精神的不息传承。

解放成都

2021年4月12日至13日,成都党史学习教育市级领导班子中心组学习暨市级领导干部专题读书班在蒲江县举行。为何选在蒲江?这得从成都战役说起。你知道吗?成都战役是中国人民解放军在解放祖国大陆作战中最后一次大规模作战战役,此役歼灭了胡宗南集团和川境国民党军主力,打破了蒋介石妄图背靠康滇、盘踞川西,负隅顽抗的美梦。而蒲江西崃古镇,作为成都战役的主战场,阻击了敌人西逃的计划,为成都战役的胜利起到了决定性作用。

重走红色之路
——成都革命遗址中的先烈人物与故事

⊙ 成都战役纪念馆

成都作为一个历史底蕴丰厚的城市，有很多红色遗迹值得我们去探访。6月初的一个周末，乘着清晨的雨露，我探访了成都战役纪念馆。

成都战役纪念馆位于蒲江县西崃古镇铜鼓村，是弘扬革命优良传统、深化爱国主义教育和国防教育的重要基地。纪

成都战役纪念馆（蒲江县委宣传部／供图）

念馆依水而建，四周被葱茏绿意包围，馆外修有英烈墙，馆内用文物、图片、书籍等不同载体，再现人民解放军征战西南、决战川西、解放成都的战斗历程。纪念馆的4个展厅串联革命战斗故事，带领大家追忆往昔。

在纪念馆工作人员的讲解下，我了解了成都解放的全过程。

"现在很多人都以为，成都是和平解放的，可是成都战役这段壮烈的历史，很少有人知道。它应该被世人所知，因为这是20余万解放军浴血奋战、流血牺牲打下来的，是一千多名烈士用生命换来的。"为我讲解的老兵说。十多年来，他一直在搜集整理成都战役的史料和文物，他希望这段历史能激励和鼓舞更多的后人。

走进纪念馆，"二野部队开进四川"的照片映入眼帘，浩浩荡荡的二野部队手持武器，背着行军包裹英勇前行。照片另一边是数十位老兵缅怀战友的题词——"英魂永在，浩气长存"，老兵们用苍劲有力的字语向战友致敬。

往里走，目之所及，都是当年战场的军用物资，弹夹、望远镜、冲锋号、手雷等陈列在玻璃柜里，而最令人印象深刻的，是一顶被子弹击穿的钢盔——战役之激烈，战斗之凶险，都在这顶钢盔上展现出来。

| 重走红色之路 |
——成都革命遗址中的先烈人物与故事

人们来到成都战役纪念馆学习党史（摄影/袁义明）

1949年11月30日，随着重庆迎来解放，成都战役随即拉开了帷幕。

蒋介石于30日晨逃至成都，企图以"川西决战"做最后顽抗：成立川西决战指挥部，任命胡宗南为总指挥，杨森、刘文辉、邓锡侯、潘文华为副总指挥；命令从重庆西撤的部队死守岷江和沱江，利用有利地形正面阻滞解放军向成都进击；命令胡宗南集团从秦岭川北一线南撤至成都地区，准备在此与解放军打一场大仗，倘若失败，就向云南和西康撤退。

由此，在以成都为中心的川西平原上聚集了30余万国民党溃军，其中胡宗南集团15万人，其他国民党军约17万人。

解放成都

成都战役烈士陵园（蒲江县委宣传部／供图）

然而，蒋介石守不住则退的意图注定无法实现。就在重庆解放，胡宗南集团和国民党其他残部纷纷向川西地区败退时，刘伯承、邓小平就决定，要将胡宗南等国民党军队聚歼于四川境内。刘邓判断，四川境内国民党军在成都失守后退往云南的道路有两条：一条是由成都经新津、乐山、宜宾；另一条是由成都经邛崃、雅安、西昌。此时，后一条道路已被解放军切断，国民党实际上就只剩下一条退路了。

基于上述判断，刘邓命令一部分兵力迅速抢占乐山、大邑、邛崃等要地，斩断胡宗南及川内其他国民党军的退路。待刘邓部署完成，贺龙率领的一野第十八兵团也已在成都、川北一带布下重兵，由此，成都及周边地区的国民党军队完全被围困。

⊙ 邛崃钟鼓楼

1949年12月18日，刘伯承、邓小平指示：已进逼成都地区的第三、第五兵团，在进占新津、大邑、邛崃、名山等地后，国民党胡宗南集团在其向康、滇的退路被完全截断的情况下，势必顽抗，各部队要做好围歼和瓦解的充分准备。同时调整部署：令由简阳西进的第十一军，攻占新津后移师简阳及以西地区；由彭山迂回北上的第十二军，攻占邛崃、大邑后即在该两城以东唐场、固驿镇地区集结。12月19日下午4时，中国人民解放军第二野战军第三兵团第十二军36师106团对邛崃县城（今邛崃市区）发起进攻。邛崃县城解放。

邛崃钟鼓楼，位于邛崃市中心的临邛古城，当年这里也见证了邛崃解放，如今这里是临邛古城的中心地标，广大市民对其更是钟爱有加，它早已浓缩为临邛古城一张熠熠生辉的文化名片。每当银杏树黄叶纷飞之际，鼓楼四面"接云""迎辉""和煦""涵濡"四块大匾与金黄的银杏相映，更添古色古香，散发出别样的迷人魅力。

邛崃钟鼓楼所在的邛崃大北街是临邛古城大北街、大同街、兴贤街的合称。大北街曾是南丝绸之路、茶马古道和进入城区的必经之路，古时，穿梭往来的客商们清脆的马铃声使得这里热闹非凡。邛崃钟鼓楼的原址其实并不在现在的位置，而是在临邛古城中心的十字路口，由于城市建设的需要，钟鼓楼阻碍了交通，于是便迁移了。

工人们将它的每一根横梁和每一片瓦拆下来，小心翼翼地进行编号、移动。原来本打算移到翁亭公园（原卓王孙的府邸），结果进不去，于是搬到了现在的地方。依靠古代的

| 重走红色之路 |
——成都革命遗址中的先烈人物与故事

邛崃钟鼓楼（摄影／韩杰）

木质建筑,想要完全原件组装是不可能的,于是在新的钟鼓楼中又融合了清朝和民国的建筑元素,如支撑的16根柱子。

走进楼中,我看到一口大钟被放在地面上,上面写着"皇明嘉靖四十一年四月谷旦"的铸造日期,四周还刻有"晦节有明、作息推时、夙夜匪懈、顽愚自省"的铭文,道出了这口大钟的用途——它是用来报时的。可以说,钟鼓楼与城池是唇亡齿寒的关系,它的建造是城市管理的需要。

1949年12月20日凌晨,钟鼓楼的柱子上就贴出了人民解放军第二野战军司令员刘伯承、政治委员邓小平签署的安民告示,宣告:"国民党在邛的一切机构立即停止活动,听候接管。人民的政府坚决执行中国人民政治协商会议通过的《共同纲领》,保护人民生命财产,保护民族工商业。晓谕各界人士各安本业,维护社会治安,恢复和发展生产……"围观群众纷纷奔走相告。

12月26日,人民解放军第三、第五兵团主力对被困于新津地区的国民党第五兵团等部发起全线进攻。午时,国民党第五兵团先头部队妄图打通突围通道,对刚刚解放的邛崃县城发动猛攻。解放军第十二军三个师对其进行夹击,国民党残部逃往桑园方向。12月27日凌晨,经过激烈交战,国民党第五兵团司令李文率部投降。27日,解放军解放成都。至此，国民政府在大陆上的最后一个战略集团被全部歼灭，成都战役宣告结束，成都宣告解放。

12月30日，成都举行了隆重的解放军入城仪式。欢迎的群众快把道路塞住了，队伍缓缓而行。军乐队奏响《义勇军进行曲》。解放军唱着"冒着敌人的炮火前进"，欢迎彩车上的银行职员也跟着唱"筑成我们新的长城"。

入城部队进北门，过北大街、草市街、玉带桥，到达总府街、春熙路，最后会集到少城公园。在玉带桥东口，戴着白帽、穿着白围裙的纱厂女工们，高唱《解放歌》——这是女大学生昨晚到纱厂教的。又有人唱起了《黄河大合唱》，一声"张老三，我问你，你的家乡在哪里？"刚起，解放军队伍中便立即传来和声。在盐市口，有青年男女在扭秧歌，他们都是四川大学的学生——南方人本来不会扭秧歌，他们是为了欢迎解放军进城连夜赶练的，有几个同学背上写着"天亮了"三个大字。

张志和故居

忠诚与无私,是中国共产党人在中国革命和社会主义建设的伟大实践中展示出来的博大胸襟与人格魅力。邛崃,就走出了这样一名忠诚的共产主义战士——张志和将军。

张志和,原名张清平,光绪二十年(1894年)八月出生,故居在今邛崃市大北街。1912年入北京陆军预备学校;1914年入保定陆军军官学校,在保定学习期间加入同盟会;1916年从保定军校二期毕业后,在川军中历任营长、团长、旅长和副师长等职。1927年1月川军易帜时,以二十四军刘文辉的代表身份,去武汉政府联络。在武汉,结识了吴玉章、邓演达等人,并在吴、邓等的帮助和影响下,逐渐倾向革命,开始接触和阅读一些马列主义进步书籍。"四一二政变"后，张志和接纳从黄埔军校武汉分校等处撤回四川的中共党员洪海帆等，到驻邛的二混成旅"志和图书馆"工作。11月，支持洪海帆在二混成旅秘密组建中共邛州军支，并以旅部名义，由军支的同志负责，通过开办学兵队和团务学校，在邛崃地区传播新思想，培养地方军事人才。1928年上半年，经中共川西特委批准，吸收张志和为中共特别党员。

　　张志和入党后，张旅驻防重庆。1928年秋，张志和与省军委书记李鸣珂接上关系，任省军委委员，并出资创办《新社会日报》，随后移防江津，尝试废过境税、禁种鸦片和兴

张志和故居

办公益事业等社会改革。1933年秋，刘文辉与刘湘交战失利退守西康，张志和离职回邛后，先捐资在邛崃创办私立敬亭小学（后改为敬亭中学），聘进步青年以教师身份为掩护，开展党的地下工作。后与人在成都合办私立协进中学（今成都市树德协进中学），秘密开展党的活动、抗日宣传、民主运动，以及输送革命干部等工作，被誉为"成都陕北公学"。1934年以后，张志和先后到印度、埃及、瑞士、英、法、意、捷克斯洛伐克、波兰、苏联、日本等国考察，著有《欧洲纪游》一书。1935年，针对蒋介石的"抗日三月亡国论"，著《抗日必胜论》一书。1936年，以李凡夫为笔名撰写《现代战争论》一书。1937年9月，张志和同李一氓北上延安，受毛泽东嘱咐，回川继续为发展、壮大抗日统一战线出力。1938年4月赴抗日前线，在武汉由李一氓引见周恩来和叶剑英；8月，在30集团军战地军官训练团执掌团务，将毛泽东《论持久战》搬上讲台。1941年，张志和加入中国民主同盟的前身"中国政团同盟"，仍以中共党员身份，每到重庆都向中共中央南方局汇报工作。1942年2月，联络刘文辉在重庆与周恩来会晤；6月，周恩来采纳张志和的建议，在雅安刘文辉部建立秘密电台，与延安通话直到解放。1944年9月，张志和当选为民盟中央执委；11月5日，在刚刚成立的民盟四川省支部任委员。1945年,在成都开办健诚实业公司,安置并掩护张友渔、朱蕴山、沙汀、王英才等大批地下党员和进步人士。

1949年12月9日,刘文辉、邓锡侯、潘文华在彭县通电起义,雅安成立临时军政委员会,张志和任委员。刘、邓、潘通电起义后,雅安四面受敌。张志和一面通过电台向周恩来汇报,请求人民解放军从速进军西康,一面和杨家桢会商,组织地方武装,协同刘元煊击败"反共救国军"张广德部,夺取川康要隘飞仙关,切断胡宗南溃部入康通道,为川康解放做出了贡献。

中华人民共和国成立后,张志和任国务院参事、民盟中央委员、第三届全国政协委员等职。1975年10月,在北京因车祸逝世,享年81岁。

张志和故居,坐落在邛崃市临邛原小北街中段。2004年5月,在旧城改造中,依原貌从小北街迁建至邛东的"天下居"内。这里以"将军楼""将军老茶铺"为亮点,以集休闲、餐饮、娱乐、健身、会议、怀旧为一体的川西民居为支撑,楼前绿树成荫、曲径通幽,院内花团锦簇、鸟语花香,连同有序排列在厅堂与厢房画壁上的书画作品,既展示了红色人文,也融入了绿色生态。

蒲江第一个中共组织诞生地
——冯其昌客栈

蒲江县寿安镇（今寿安街道），位于成都市蒲江县东大门，成都平原西南边缘，与邛崃、眉山接壤，是古往今来的商贸集散重镇，享有丝绸南来"第一镇"的美誉。蒲江县第一个党组织就诞生在这里。

今天走在寿安街道正街上，昔年客商云集的盛况仍可想见，街道两旁服饰店、生活馆、小超市一家紧挨一家，路上行人匆匆，不时经过的小贩大声吆喝着……冯其昌客栈当年就位于这条街上。

冯其昌客栈位于今蒲江县寿安街道正街28号董澄泉（蒲江早期革命先辈董仲平之侄）住宅内。20世纪90年代初期，该遗址临街铺面改建为一楼一底的砖混结构，临街面宽8米，

蒲江县第一个党组织的授牌已迁至寿安街道城北社区委员会（摄影／韩杰）

深17.5米，面积200余平方米，楼房后尚存两间约24平方米的小青瓦平房。

1927年4月初的一天，石兆祥从成都绕道彭山县到达寿安镇，停靠在陈河坝码头上。他是四川宜宾人，中国共产党党员，曾在毛泽东主持的广州中央农民运动讲习所第六期学习并毕业。他此行是受中共成都特支书记黄映湖指派，到蒲江建立党的组织、领导农民运动。

石兆祥到达寿安后，通过我党联络员与蒲江高桥农民协会的王尧钦、陈绍周等人取得联系，一起指导以蒲江为中心的上川南农运斗争。石兆祥发展王尧钦、龚仲卿、谢育生加入中国共产党，首先在蒲江建立起党的组织。

4月中旬，"四一二大屠杀"的消息已经传到了蒲江，白色恐怖笼罩全县。冯其昌客栈是一个代客买卖、收账、储运，并为客商提供食宿的场所，客栈老板冯其昌是买卖双方的经纪人。这里来往的商人旅客很多，是一个三教九流会聚的地方。石兆祥认为这里是一个相对安全的地方，于是租下了一间靠近后门的客房住下来，把这里作为党员开展活动的地方。

一切安排就绪后，石兆祥便通知党员王尧钦、龚仲卿、谢育生来他的住处开会。这天晚上，冯其昌客栈里人声鼎沸，又有一批船筏在寿安镇的仁寿桥和王爷庙码头靠岸，很多货主正指挥船工把货物搬进堆房。王尧钦等混在来往的旅客、搬运货物的人群里闪进客栈，在灯影里绕过堆满火把柴、杠炭、大米的过厅，踅进石兆祥居住的那间僻静的小屋，可以永远载入史册的那次秘密会议在油灯的光亮中召开了。

在这次秘密会议上，成立了蒲江县第一个中国共产党的组织——中共蒲江支部委员会。这个支部在中共成都地下党的序列里编为第十三支部，于是就以十三支的谐音"石善之"作为代号。

在秘密成立党支部的会上，选举王尧钦任支部书记，分配龚仲卿负责宣传工作、谢育生负责青年工作。中共蒲江支部又派谢育生打入县民团大队任大队长，并在县城建立党的外围组织"青年社"，积极发展青年社社员和共青团员。

在抗粮抗捐的武装斗争中，蒲江党组织不断发展壮大，先后发展陈绍周、陈德兴、罗谦、张继云等15人为中共党员。同时，按照团员转党员的规定，将共青团员李东明、卢玉槐、胡开愚转为中共党员。

1928年10月，根据省临委指示，结合蒲江实际情况，中共蒲江特别支部委员会改建为中共蒲江县委员会。此时，全县有党员50多人。1929年3月,中共蒲江县委改建为中共蒲江特别支部委员会。

冯其昌客栈如今是一楼一底的楼房,周围邻居对于它的由来都耳熟能详。经营着一家服饰店的陈之林经常往来于成都市区和寿安之间,对于这个小楼的来历和寿安今昔的变化,他很是感慨。他说:"幸福来之不易,今天的人民应该倍加珍惜如今美好的生活。"

城北社区委员会便民休息室现已成为大家的休闲共享空间(摄影/韩杰)

大邑县爱国主义教育基地
——肖汝霖烈士墓

2021年芒种节后的一个周末,我从温江驱车三十一公里,到安仁镇寻访肖汝霖烈士墓。

因为邻近肖汝霖烈士墓的欧大路正在修建一座跨线立交桥,所以这次寻访颇费了一番周折。问了路边施工的几个工人,才在他们的指引下发现了立在新立交桥边上的烈士墓碑。

按照墓碑的指引,经过稻田边新修的一条水泥路,进入一片茂密的竹林,就看见在一丛竹林掩映中的肖汝霖烈士墓。

肖汝霖烈士墓,位于大邑县安仁镇合江社区,占地面积50平方米。较其他肖姓和欧姓村民的坟墓来看,规制较大。

肖汝霖烈士年轻时候的照片（摄影／云栖）

墓前围合了一个小广场，方便祭拜。墓碑两边放置的两把菊花已经枯萎，一些塑料花却还明丽而耀眼。由于时近中午，烈士墓周边几户留守的人家正在午饭，我不便打扰，就一个人静静地站在肖汝霖烈士墓前，向他深深地鞠了三个躬。

看着墓碑上嵌入的肖汝霖像，青春、英俊，还透着一种刚毅，我想，如果没有在28岁那年被刘文彩杀害，他后来的生命该多精彩呀！

我在墓前肃立良久，通过墓碑上的文字，温习他短暂而光荣的一生：

肖汝霖，原名肖洪泉，1920年出生在大邑县唐场三河场（今安仁镇）的一个地主家庭，兄弟三人，他排行第二，人称"肖二哥"。

1936年初肖汝霖考入成都联中，第二年抗日战争全面爆发，他受抗日救亡运动的影响，阅读《大声》《星芒》等进步书刊，思想倾向革命。

1937年，肖汝霖受抗日救亡运动及共产党的影响，走上了革命道路，利用各种社会关系，在大邑县展开了进步活动。1940年3月，肖汝霖在唐场发起成立大邑青年学会。抗战胜利后，肖汝霖利用大邑地区陈（少夔）、刘（文彩）两派的矛盾，打着大地主刘文彩的招牌，将大邑青年学会改为青年学会，为后来党领导的武装活动准备了有生力量。

1946年秋，中共川康特委决定，在邛崃、大邑山区开展武装斗争，配合解放战争，派肖汝霖等在大邑县一带组织党的地下武装，建立游击据点。肖汝霖成立了一支五六十人的武工队，为购买武器，他多次变卖家中的田产，还利用地主武装集团之间的矛盾，以建立共同抗御为借口，诱使刘文彩为武工队提供了一批枪支弹药。

1947年冬，肖汝霖加入中国共产党，并担任川西南人民武装工作委员会主任委员，继续领导武工队进行革命活动。

当刘文彩得知肖汝霖与共产党有联系时，随即对武工队进行"围剿"。1948年冬，肖汝霖不幸被捕。面对刘文彩的严刑拷问，他始终横眉冷对，气急败坏的刘文彩将他从楼上推下，导致他双腿摔断，随后在被押解到成都的途中被杀害，年仅28岁。

被刘文彩杀害后，肖汝霖的家人将其遗体运回唐场欧牌坊（今安仁镇合江社区）安葬。中华人民共和国成立后，周鼎文、李维嘉、李安澜等地下党员和当地政府为肖汝霖修墓、立碑。1994年7月，大邑县唐场镇人民政府组织修缮肖汝霖烈士墓。1995年8月30日，肖汝霖烈士墓被中共大邑县委、县人民政府命名为大邑县爱国主义教育基地。

就在我准备离开烈士墓的时候，一位大爷看见了我，并朝我走过来。

"这个烈士墓是你在负责日常管理祭扫吗？"我问。

"有专人负责哦！而且每年清明节，都会有大邑县的学生来献花。"大爷用浓重的大邑口音向我介绍了烈士墓日常管理和祭扫的情况。我问他是不是也姓肖，他说不是。他告诉我："老桥那边，一个榨菜籽油作坊的老板，是肖烈士的后人，你可以去采访采访他。"

老桥边的几条街，实际就是合并前的大邑唐场镇老街。

1968年生的肖敬涛在这里经营着一家榨菜籽油的作坊。听说记者来采访，忙兴冲冲地返身回家去取他收藏的家族档案。

"我爷爷这一辈子，太了不起了！"肖敬涛一边小心翼翼地打开塑料档案袋，一边跟我讲述肖汝霖烈士的革命历史。

"你真的是他孙子？他不是没结婚吗？"我问道。

"嗨，你不懂。我爸很早就过继给他的，后来改名为肖继承，就是为了继承他（指肖汝霖）的革命遗志。这么说起来，我当然是他的孙子了。"肖敬涛为我讲述了这段家族历史后，我就明白过来了。

"你生意还好吧？作为烈士之后，你爷爷的一生，对你们影响很大吧。"我一边翻看着《永恒的记忆》一书，一边问肖敬涛。这本由"纪念肖汝霖烈士牺牲65周年编辑委员会"编的大邑县地方党史文献，图文并茂，史料翔实，一直被肖敬涛作为家庭重要档案珍藏着。

"爷爷虽然走了这么多年，但他的精神一直活在我们心中。"肖敬涛指着门上一块"光荣之家"的牌子对我说，"我们要对得起这个荣誉。"2013年9月，大邑县成立"肖汝霖烈士奖学金基金会"，经济并不宽裕的他，以肖汝霖烈士后人的身份向基金会捐了300元。"钱不多，但代表我们这些

肖敬涛指着政府颁发的"光荣之家"牌说，这是爷爷留给他们的荣誉
（摄影／云栖）

肖家后人祭拜肖汝霖时合影（左一为肖汝霖孙子肖敬涛）（摄影／云栖）

后人是在用实际行动继承爷爷的遗志。"此后,肖敬涛还经常参与地方公益事业,尽己所能做好事。

2000年前后,大邑县委、县政府曾动议将肖汝霖烈士墓迁往烈士陵园,但肖敬涛表示不愿意。"爷爷在这片土地上生活了多年,对这里充满感情。再者,他长眠于此,我们也能经常去看他。"

我想:后人在这片土地上繁衍继替、太平生活,这应该是对肖汝霖烈士最大的安慰吧。

横山岗上祭英雄

成都西，大邑花水湾，是有名的旅游胜地。由花水湾再往山地前行，不到半小时的车程，即到西岭雪山的腹地。

这里更是中外游人争相到游的地方。

西岭是雅安市通往成都平原的山林秘径穿往之地，鲜为人知的是，在这山清水秀的旅游胜地，数百名红军将士牺牲于此。

2021年5月23日上午，农工党川大委员会组织学党史教育在这里举行。下午1时许，山中下起了雨，大家在雨中参观了横山岗红军无名烈士纪念碑、红军庙、红军墓和红军战场，深受教育和震撼。记者跟随参与了这场活动，行进在山中，耳畔似乎又听到了红军战士当年在横山岗战役中的呼喊

| 重走红色之路 |
—— 成都革命遗址中的先烈人物与故事

游客参观横山岗红军战斗遗址（摄影／韩杰）

声、冲锋声和激烈战斗中呼啸而过的枪声。

横山岗红军战场遗址位于西岭雪山怀抱中，是大邑、邛崃、芦山三市县交界处的一个高山隘口。其地势险要，是当时成都、雅安、阿坝三地通商往来的重要关隘和战略要地。

1935年末至1936年初，中国工农红军第四方面军从雅安进入大邑，在大邑县的尖子山、九顶山、唐王坝、西岭镇、横山岗等地与敌浴血奋战110余天，400余名红军战士长眠在此。直到现在山中都还保留着当年战斗的遗迹，给这里的山水镌刻下了永恒的历史记忆。

据《大邑县志》记载，1935年10月，红军翻越夹金山，向宝兴、天全、芦山、大邑发起攻击。徐向前部进军大邑县与芦山县交界处的横山岗，以打通到成都的重要通道。11月10日，红军分三路进攻大邑双河场，第一路直上横山岗，第二路穿唐王坝椒子坪，第三路过花架子。红军前锋直逼双河场，遇敌军阻击，转回到出河坝集结。

1935年12月8日，敌军向红军驻地发起进攻，红军在大雪封山的不利条件下，从邱河坝撤回横山岗、花架子、唐王坝一带，战斗中击落敌军的战斗机一架，从九顶山上截住了敌人的后援。

在横山岗战斗期间，红军还帮助当地群众建立了苏维埃政府，将横山岗改名为"红山岗"。红军在横山岗开展革命活动时，留下了"红军针药救婴儿""红军班长赠宝刀""徐向前来到横山岗"等感人故事。

至今在大邑县西岭雪山大飞水景区，还能看到当年留下的墓碑，透过墓碑仿佛可以看到当年红军尖子山、邱河坝等战事概况。除了墓碑，在西岭雪山横山岗和尖子山一带，当年红军作战的不少战壕仍依稀可辨。红军浴血奋战的横山岗战场遗址，1995年已被命名为大邑县爱国主义教育基地。

2019年6月9日，在西岭镇飞水村，横山岗红军战斗遗址

缅怀先烈（摄影／韩杰）

修缮暨红军烈士纪念碑正式动工，包括纪念碑、展览室及相关附属工程等，并于2020年9月完工。郁郁青山中，红色革命的"基因"在纪念碑及战壕等遗迹中得以传承，激励着新时代的人们奋斗不息、拼搏不止。

当天的活动中，记者还有幸见到了守护红军墓数十年的当地村民邱廷楷老人，他向记者讲述了他和他的父亲邱朝先父子两代人为红军守墓86年的动人故事：

86年前的1935年12月，横山岗尖山子，红军一部遭遇国民党军队阻击，400多名红军英烈捐躯沙场。横山岗老乡邱朝先、邱升廷帮红军护送一名重伤员到尖山子下迴龙溪边的邱朝先家，但伤员终因伤势过重，壮烈牺牲。一名红军小战士买了棺材，在邱朝先、李秉先、邱升廷的帮助下将烈士装殓后，就近掩埋在邱朝先家的菜地里。当时红军小战士含着眼泪拜托邱朝先，请他照看好战友。当年只有25岁的邱朝先，自此一直守护着红军烈士的墓。

这么些年来，邱朝先父子有很多次机会搬下山，但他们一直信守着承诺。如今，这座无名的红军墓，也由一座孤坟变成了党史教育基地，越来越多来自四面八方的人们到这里缅怀英烈、汲取力量！

通过邱廷楷提供的照片，我们看到了上一代守墓人邱朝先：老人穿着老式中山装、头戴帽子，坐在一根条凳上，身旁放着一根拐杖，表情庄重。邱廷楷也穿着和父亲一样的老式中山装，除了没有胡子，父子两人无论是身高、着装，还是表情，都非常相似。

如今，父亲虽然不在了，但是守红军墓的承诺不能改变。一天又一天，一年又一年，邱廷楷风雨不变、雷打不

红军烈士之墓（摄影／韩杰）

动,每天守护着红军墓,按时洒扫红军墓。当游客来参观时,他就义务担任横山岗战役这段历史的讲解员,他用朴实的语言讲述着他父子两代人为红军烈士守墓的故事,感染了一批又一批的游客。老人还受大邑县一些单位的邀请,到当地的中小学校讲红军战斗的故事,受到了学生们的热烈欢迎。同学们都感到非常光荣,原来他们只知道西岭雪山是旅游胜地,现在才发现,西岭雪山也是"西岭红山",而且就在自己读书成长的家乡。

  离开横山岗时,邱廷楷大爷又走到红军墓前,整理游客献上的花束。他一直念叨着,最近到横山岗学习党史的单位和团体越来越多,自己有责任每天将红军墓打扫得更加干净整洁,有责任将那些反复讲了无数遍的故事讲得更加感人。

外篇：
在作家故居，
重温时代记忆

在革命战争年代，无数仁人志士苦求救国道路，舍生忘死坚毅向前；千千万万先烈为了追求民族独立、人民解放，用生命和鲜血铺就通往新中国的道路，他们的历史功绩永垂不朽。同一时期，有这样一群人，他们虽不能上阵杀敌，却奔走于烽火之间，以笔为枪，为民族存亡疾声呐喊，唤起民众觉醒，写出为国为民、凝聚人心的时代篇章，他们同样值得我们铭记和怀念。

李劼人故居纪念馆

真正能够流传后世的文学作品绝非僵死枯朽的文字游戏，它们与作家所处时代之间的联系赋予其存在的价值。文学恒久远，魅力在于能经受时间验证的强大生命力。直到今天，我们依然可以从杜甫的诗句里看到唐时成都的城市风貌，可以从李劼人的"大河三部曲"里窥见大半个世纪前成都的市井民情，尽管文字的载体也许从纸张装订成的实体书，变成了拥有大大小小电子屏幕的电子设备。

李劼人原名李家祥，出生于整130年前的成都，是巴蜀社会和天府文化孕育出来的土生土长的作家。他一生经历了晚清、民国和中华人民共和国三个时期，办过报纸、杂志，做过大学教授，也做过自由撰稿人，担任过机器厂的经理，

李劼人故居纪念馆

李劼人故居——菱窠（摄影／米艳）

合股开过造纸厂，开过饭馆，中华人民共和国成立后，当选为第一至第三届全国人大代表，并任成都市副市长，主管文化与城市建设。

这样一个"不务正业"的写作者，爱用成都人"摆龙门阵"的叙事习俗讲述故事、状写风物，为城市立传。人们都说，如果想通过文学来了解地道老成都的活色生香，最好的选择就是读李劼人的作品。

除了少年漂泊和留学法国的短暂时光外，终其一生，李劼人都固守本土。成都平原物产丰足养成的人文性格，众多名胜古迹等积淀的文化美学，市井酒肆中的说书、道情、清音等民俗艺术的影响，形塑出李劼人的艺术个性，使其作品散发着浓郁的市民趣味。

1962年11月25日，李劼人在菱窠设家宴款待老友四川大学教授蒙文通。事前，李劼人写了一封短信给蒙教授，告诉他去菱窠怎么走：由九眼桥东头河岸边赶公共汽车（起点站），上车买票，花一角六分，到师范学院路口下车即到。如今再到菱窠，只需乘坐地铁7号线到狮子山站下车，从Ａ1口出站，步行400米即到。

这里便是如今的李劼人故居纪念馆，位于成都市锦江区菱窠西路70号，始建于1939年。当时是因为日军飞机轰炸成都，李劼人从成都城内疏散到郊外的沙河堡乡间，在一座菱角堰塘边建造了一处以黄泥筑墙、麦草为顶的栖身之所。因其傍菱角堰塘而建，李劼人先生题名为"菱窠"，故此，故居又名"菱窠"。

"菱"是一种生在池沼，扎根在泥土里的草本植物，"窠"即鸟虫的巢。李劼人将自己的家以"菱窠"命名，颇有竹篱野舍的逸趣。1959年，李劼人用挣来的稿费将自己的居所翻建成今天一正一厢带阁楼的样子，直至1962年，他在此共生活了24年。李劼人辞世后，其家人根据先生遗嘱，于1964年将故居捐献给国家。1982年，成都市人民政府拨专款修复李劼人故居；1985年12月，成立李劼人故居文管所；1987年6月，故居对外开放；1989年，被评为"蓉城八景"之一；1991年，"菱窠"因其名人故居的特有价值和所藏字画中有497件等级文物，被四川省人民政府公布为省级文物保护单位；2006年，更名为李劼人故居博物馆；2012年6月，更名为李劼人故居纪念馆。

李劼人故居纪念馆主要由故居主楼、李劼人夫人墓地、李劼人像、碧桃轩、雅游亭等组成。陈列的内容集中于主楼，包括"李劼人旧居展厅"和"李劼人生平事迹展厅"。"李劼人旧居展厅"主要陈列有李劼人生前所用的木质沙发、桌子、书柜、床、衣柜等。"李劼人生平事迹展厅"陈列有李劼人先生各个时期照片、出版的小说与翻译书籍样本、日常生活用品等。

主楼前安放着李劼人的半身汉白玉雕像，和春熙路的孙中山铜像出自同一双手，是李劼人生前好友、雕塑大师刘开渠的杰作。

2014年，成都市李劼人故居纪念馆在维修之后向公众免

| 重走红色之路 |
——成都革命遗址中的先烈人物与故事

李劼人故居纪念馆（摄影/米艳）

费开放，吸引了很多文人、学生以及游客到访。2019年9月，围绕着菱窠故居，诞生了展现李劼人笔下生活的老成都市井文化体验街区——"东门市井"。

如果说李劼人的作品忠实记录和描摹出老成都热闹的市井生活，而今文化街区的打造，就是将其立体、生动地还原和再现成了文化消费场景。

沿小巷漫步，映入眼帘的是民国时期建筑风格的小洋楼、灰砖青瓦的川西民居和店铺，传统而古老的拼接式门板、青石板铺设的路面，颇有怀旧的时代氛围。在东门市井，"菜市坝""天回镇""水津街"这样的老街名和地名引人瞩目，沿街可见的怀旧浮雕和老照片引人浮想联翩——补锅匠、木匠、纺织匠、剃头匠、打铁匠，曾经存在于街头小巷的民间艺人，又再度出现在古老的街市。下沉市集广场，铺板小馆、老式茶铺、凉亭水榭，真实再现了李劼人笔下的老成都市井生活场景，也让人穿越百年看到了他小说中的"邓幺姑""罗歪嘴"们的生活。

东门市井最吸引人的要数菱窠茶舍，川西建筑穿斗结构开放式回廊，瓦屋顶，老虎灶，蓝底白字茶幡，竹编工艺水瓶，竹圈椅木茶桌，盖碗，铜壶，"老三花"，样样都是老成都记忆里的标志性元素，从李劼人故居出来，可以在这里歇脚，喝盖碗茶，吃幺姑儿豆花饭，价廉物美，是地道的老成都风味。

如我们所知，李劼人不仅是文学家，也是美食家，做得一手好菜。1930年夏，李劼人辞去大学教授一职，在成都指挥街寓所开设取名"小雅"的川菜餐馆，亲自掌勺，一度非常有名。东门市井里，特意复原了一座"小雅"餐厅，已然成为街区内的代表性餐饮门店，这里的菜式基本复原了李劼人的菜式：酒煮盐鸭、豆瓣葱烧鲫鱼、怪味鸡、黄花猪肝汤、厚皮菜烧猪蹄……

"哈哈茶铺"是老成都戏院茶铺的格局，室外喝茶，室内看戏，茶铺里也是小方桌、盖碗茶、木椅子，正中一座极小的戏台，台上只摆得下一张桌子，这里可以听相声，也可以看曲艺表演。

年过八旬的巴蜀文化学者袁庭栋常从自己青城山脚下的住处赶回成都，在东门市井为成都人讲老成都的各种历史掌故。听众需要预约报名，但不需要付费买票，喝不喝茶也自便。菱窠读书会吸引了不少固定读者，有退休的老年人，但更多的是年轻人，听众听得聚精会神、津津有味。因为袁老爱讲李劼人，有的听众就近在茶铺里买了李劼人的书，甚至有不少听众带来了笔记本，直感叹李劼人笔下波澜壮阔的社会生活，大大开阔了自己的文学视野。

成都市李劼人故居纪念馆业务部主任、李劼人研究学会副秘书长张志强说，东门市井开街后，李劼人故居纪念馆游客增长了50%。据不完全统计，菱窠平时每天接待游客上百人，到了周末，每天要接待游客三四百人。

李劼人曾说："故乡就是我写作的根源，我们是互相成就的。"这种相互成就的关系甚至能够战胜时间，超越死亡。直到今天，他的故居成就了一整个街区的繁华，文化赋能消费，而消费反过来拉近了普通人和地方文化的距离，文脉得以延续和传承，就好像他从来不曾离开。

崇德里

每次陪外地朋友逛完春熙路和远洋太古里,但有余裕,必会领他们拐到锐钯街,去崇德里喝茶。真正的成都生活,深藏于城市的掌纹——巷和里中,而崇德里更是一个旧城更新的典范项目,传统与现代在这里真正实现了有机结合。

2013年,成都将崇德里纳入历史建筑保护项目中,操刀该项目升级改造的设计师是艺术家王亥,他是一个迷恋历史痕迹的人,坚定地认为最好的设计是看不出设计,而再好的装饰都比不过时间。

"空间的最大趣味和魅力是它的偶然性,顺着既成的路子走就好了,何必生造一个东西?崇德里给我什么,我就还给它什么。"置身于崇德里的王亥,整个人的状态特别放松,一根接一

崇德里（摄影／米艳）

| 重走红色之路 |
——成都革命遗址中的先烈人物与故事

崇德里一角（摄影/米艳）

根地抽烟，不时和这一桌那一桌的朋友打招呼。念及王亥少年时理想是做哲学家，你会觉得：他没有成为哲学家，而是做了个艺术家，亲手还原自己对于故乡的记忆，何尝不是一种确幸？

改造后的崇德里维持着小巷的宽窄，没有轩朗开阔的入口，甚至不如旁边的公共厕所醒目。石板路依然坑洼不平，微雨时节，总会让人情不自禁默念一遍戴望舒的《雨巷》。两个院落和老的宿舍楼被赋予了现代空间的功能，分别对应现代人喝茶、用餐、办公和住宿的需求，相应地，名字分别叫作"谈茶""吃过""驻下"，被短短60米的残巷串联起来。

置身其间，好似能实实在在看到时间是怎么爬过了我们的皮肤：一砖一瓦还是近百年前的一砖一瓦，一梁一柱也还是近百年前的梁和柱，虫蛀的痕迹历历可见，朽坏得不行的部分才嵌入新的木头，仿若岁月本身，撑起钢结构承力加固之后轩朗开阔的屋顶。焕然一新的白墙、极简风的北欧家具器皿，往原汁原味的老成都构件里加入了现代的元素，但即便是再先进的设备，也要给老物件让位。餐厅里有个价值百万的德国橱柜，但为了不伤害房间里的柱子，生生被切割成了U形。

午后的阳光斜斜照进崇德里院落，掠过白墙上出自成都摄影家齐鸿之手的黑白老照片。老院落改造前的模样如此这般以光影的形式透进现实，映入杯中成为倒影，杯中的茶水便也有了岁月的醇厚绵长，让人顿生前世今生之感。

最初，崇德里北起中东大街，南接红石柱横街。上世纪30年代，李劼人的嘉乐纸厂在成都的办事处就设在这里。

嘉乐纸厂将西方先进的造纸技术引进四川，满足了抗战时作为大后方的四川新闻用纸和教科书用纸的需要。经营纸

改造后的崇德里有了现代空间的功能（摄影／米艳）

厂期间，李劼人与文化界救亡协会合作，捐纸支持刊物《笔阵》出版，此外，还特别设立"文化事业补助金"，救助贫困作家，为抗战胜利和文化的发展做出了突出贡献。张天翼、陈白尘等客居四川的作家都受过李劼人的救济和资助，传为佳话。李劼人创办实业，不像普通商人一样贪图财物利益，而是怀抱鸿鹄之志，尽己所能，在国家危难之际多做一点事情，以期让国家更强大，让民族走向独立。

李劼人故居中，仍然保存着带有崇德里痕迹的李劼人相关史料，据李劼人故居纪念馆工作人员吴媛媛介绍，最重要的就是《嘉乐纸厂第九届股东大会提案》中，"此次股东大会的所有讨论意见，所邮寄地址都是'成都下中东大街23号崇德里嘉乐制纸股份有限公司'"。吴媛媛还透露："甚至在李劼人写给别人的书信中，所留地址也都是'成都东大街22号崇德里'。"可见，崇德里是李劼人的重要办公地。

此外，当时中华文艺界抗敌协会成都分会会刊《笔阵》编辑部也设在崇德里，李劼人担任主编。当时的崇德里，会聚了众多进步人士，他们来拜访住在院落里的大家，相互交流、探讨，慷慨激昂地纵论天下大势。

百年的时光倏忽而过，被王亥保留下来的砖、瓦、梁、柱，一定都曾听过李劼人和朋友们掷地有声的言语。

鹤鸣茶社

对于当时的进步人士而言,除了崇德里,人民公园里的鹤鸣茶社也是个好去处。

虽然茶是国饮,大江南北的城市乡村都有茶馆,但没有一个城市像成都一样,泡茶馆成了很多人的日常生活程序。在20世纪30年代的知识分子们的记述中,"平民化"是他们对成都茶馆最大的感慨。

作为读书人,何满子在其他城市没有勇气光顾太高级或太底层的茶馆,在成都却无忧无虑地把茶馆当成了自己的办公室。"警察与挑夫同座,隔壁是西装革履的朋友。大学生做自修室,生意人做交易所。"黄裳在1931年路过广元,因为客车中转,在江边茶馆里喝茶一碗。"一个人泡了一碗茶坐在路边茶座上,对面是一片远山,真是相看两不厌,令人有些悠然意远。后来入川越深,到成都,可以说是登峰造极了。"

成都作家马识途最喜欢去人民公园的"鹤鸣"和春熙路的"枕流"。"无论哪个档次的茶馆都有一个传统特点,就是花费不多。"中午离开的人把茶碗扣上,说一句"留到",下午来还可以继续喝。

马识途回忆道:"在四川,地下党的许多接头都是在茶馆里进行的。鹤鸣茶社出来的老川菜馆'努力餐'也是地下党活动的据点。那个时候茶馆里都是小桌子,桌子后面是竹藤椅。我们说话的时候用的是隐语,接头的能够听懂,外面人听到也没关系。茶馆里的人都不关心别人说什么,所以特务就容易被识别,因为特务非常关心茶馆里都在说什么,看见有人偷偷摸摸东张西望,基本就是了。"

除了老一辈的革命家杨尚昆、张爱萍、魏传统,郭沫若、巴金、叶圣陶、李劼人、沙汀、艾芜等文人作家也常在鹤鸣茶社聚集。

在成都,来自四川安县(今绵阳安州区)的沙汀,成了以笔为枪投身革命的文化战士。1921年秋,17岁的沙汀考入四川省立第一师范学校学习。入校半年后,在几个同学的引导下,沙汀接受新思潮的冲击,开始转变,由一个落伍的士

鹤鸣茶社

今天的鹤鸣茶社不光是老人的老去处,也是年轻人的向往之地(摄影/米艳)

绅子弟向一个时代青年过渡。

同班同学中，汤道耕（艾芜）是影响沙汀接受五四新文学的最好伙伴。在这里，沙汀受到了五四新思想、新文化的熏陶，他读了郭沫若《女神》里那些代表五四狂飙突进精神的诗，阅读了鲁迅的作品和《觉悟》《新青年》等大量进步书刊，他的思想经受着时代激荡，逐渐萌发了革命思想。

凡学校号召的活动，沙汀都会参与其中，包括抵制日货、平民教育运动……同时，他也上街教过几次课，听课的人中，有小贩、苦力，更有家庭妇女。与平民的接近，使沙汀体会到五四人权平等、劳工神圣等精神含义。当时，沙汀在学校取名杨只（子）青，意思是只有青年才有前途。

1927年夏，中共成都特支书记刘愿庵和沙汀在成都春熙路北段《新川报》编辑部谈话，后经中共成都特支批准，沙汀由共青团员转为中国共产党党员。

艾芜故居

"大门外的原野,笼着薄雾,平平的,摊在天底下,潮湿而且带着瞌睡。远处车房,草房,竹林子的阴影,东一下,西一下,散缀起,迷迷濛濛地,仿佛沉在梦中。"这是艾芜《丰饶的原野》开头对于丰饶的成都平原乡村景色的诗意状写。

艾芜原名汤道耕,1904年出生在新繁县清流乡(今新都区清流镇)的翠云村,在这里度过了他的童年和少年时代。1921年,他离开故里,步行到成都求学,从此再没有停下脚步。4年后,艾芜从成都九眼桥出发,一路徒步向南,为中国现代文学留下了极具特色的一系列南行文学作品。他的代表作《南行记》首创"流浪小说"书写,开创了新文学创作

新加坡《联合早报》记者徐伏钢镜头中的艾芜(摄影／韩杰)

"边地文学"题材领域的先河,被认为是中国新文学史上流浪文学的开拓者之一,艾芜也因此获得"流浪文豪"之誉。

1932年,艾芜加入中国左翼作家联盟,开始发表小说。抗战期间,加入中华全国文艺界抗敌协会,编辑《半月文艺》。1957年,艾芜加入中国共产党,历任中国文联、中国作协理事等职,后来调回成都,任四川省文联名誉主席。直到耄耋之年，艾芜仍深入大小凉山、重返云南边疆，笔耕不辍。1992年，艾芜在成都病逝，享年88岁。

艾芜是现代文学史上风格独具、影响深远的著名作家，他将四川方言之美用得出神入化，而他所塑造的"小黑牛""夜白飞""鬼冬哥"及"野猫子"等人物形象，无不具有独特的艺术感染力。艾芜是最早把西南边疆地区下层社会的风貌和异国人民在殖民统治下的生活带进现代文学创作中来的作家之一，为开拓新文学创作的领域做出了贡献。

2013年，当地政府出资200余万元，整修了汤家祖传的院落，建起460平方米的仿古四合院。院落里的3棵高大的水冬瓜树（桤木），想来还是艾芜眼中和笔下的模样。2014年，为纪念艾芜110周年诞辰，艾芜研究会揭牌，艾芜故居同日对外开放。艾芜故居被列入首批成都市名人故居保护名录，成都市首批文化地标。

"清流""翠云"，地名真是古雅，诗人流沙河给艾芜故居题字时就巧妙地将其嵌入其中："清流其人，翠云其魂。"不仅道出了艾芜人格的清逸出尘，还暗示出一个作家和故土的关系。

村子的周围种了很多的梨树，春天来了，田野里一大片梨花盛开，蜂飞蝶舞，枝头飞雪。隔得老远，就看到极富川西民居风格的房屋静静地掩映于竹林幽深之中。青砖、黛瓦、白色的墙壁、雕栏格窗，一砖一瓦都写满了故乡对漂泊游子的情丝缱绻。

汤家大院是传统的四合院，正屋和厢房不改当年的形制，小青瓦坡屋面，抬眼一看，屋脊平直，瓦垄平实，檐口平整，是川西坝子上常见的村屋。故居房屋中的陈列展示以艾芜行走不停、笔耕不辍的时间为线索，包括"童年故事""南行记""锻炼"和"百炼成钢"4个部分，还陈列展示了艾芜大量的手稿、著作和相关作品，墙上挂满留下来的老照片，屋中摆放着从乡下收来的零杂家什，多是艾芜作品里写到过的农具和日用器具：箩筐、鱼篓、石磨、杆秤、背篼、草鞋、镰刀、马灯、算盘……艾芜在小说里把情感赋予了它们，于是这里的大部分物件，都配有简单的文字，写明曾经出现在艾芜的哪一篇作品之中。文字虽简要，读之却顿感被家常气息所浸润。

2019年5月，艾芜纪念馆主体建设和布展工作基本完成。依托艾芜故里文化独特优势和良好的生态环境，新都区政府进一步整合资源推进艾芜文化研究传承和文化旅游产业融合发展。以艾芜故居为核心，建成了千亩"泉映梨花"景区，梳理盘活乡村空间、生态、人文等资源，将乌木泉、双

艾芜故居（摄影／韩杰）

车坊、艾芜故居等特色景点有机串联，打造"艾芜乡愁"文化区、"梨映水岸"精品赏花区、"清白流香"生态休闲区，推动清流镇"全域景区化"，推进乡村文旅融合发展。

艾芜文创园位于"泉映梨花"赏花基地核心区域，由当地一处废旧的厂房改造而来，占地近3000平方米，分为艾芜文化舞台、文创展厅、艾芜书吧以及清流特色农副产品展示区等多个功能区。以规划设计提升工程、生态环境保护工程、基础配套提升工程、艾芜文化传承工程、乡村旅游提升

重走红色之路
——成都革命遗址中的先烈人物与故事

艾芜故居里的陈设（摄影／韩杰）

工程"五大工程"为抓手,充分挖掘艾芜文化的当代价值,提升城市文化魅力,积极推进艾芜文学小镇建设。

相关负责人介绍,未来,文学小镇中将引入作家创作基地、名家工作室等,发展作家村、文学村,建成后将整合高校学科、人才、科研优势,配套完善乡村民宿,打造集文学沙龙、大学生文创集市、乡村旅游集会、艾芜文化系列活动等功能为一体的综合性文化创意产业基地。

"作为名人故里,如何进一步通过市场化的方式讲好名人故事?作为生态传统农业发展区,如何通过互联网提升清流特色优势农产品价值?这些都是我们引入相关社会资源,协力建设艾芜文创园的初衷。未来这里不仅可以看到更多清流特色农产品、非遗艺术品和文创产品,还有更多丰富多彩的文学交流、诗歌研讨等活动,进一步推动当地文旅发展。"清流镇相关负责人介绍,艾芜文创园的落成,将通过探索"农业+生活方式+互联网+金融"的融合发展,助力推动清流乡村振兴。

贺麟故居纪念馆

贺麟故居坐落于五凤镇外两公里寨子山半山腰一处清幽僻静处,典型的川西林盘,是茂林修竹间掩映的一座两重三进四合院。从成都出发,车行一个小时左右就能抵达。

从杨柳溪边,沿一坡满是时光刻痕和青青苔痕的不规整石梯拾级而上,可以看见匾额上刻有天府名家张幼矩书写的"心园"二字,暗合贺麟所开创的"新心学"。

1902年出生于成都金堂县杨柳沟的贺麟,是现代中国重要的哲学家、翻译家、哲学史学家、教育家,在中国近现代思想史上,是开山立派的泰斗级宗师。他的学生包括任继愈、张世英、汪子嵩等几代哲学大家,这些中国哲学领域的巨擘,构成了中国西方哲学研究的丰富流派体系。

贺麟年轻时候的照片(摄影/米艳)

重走红色之路
—— 成都革命遗址中的先烈人物与故事

哲学的作用之一是自我认知和处理人与人、人与自然和社会的关系，而哲学家就像夜空中的熠熠明星，以精湛思想和超人智慧引领时代，反映时代精神的精华，他们的思想足迹是后人最宝贵的财富。成长于民族危亡之际的贺麟，认为一个国家一个民族的落后，根本上是文化的落后，因此他一直探索从思想上、学术上来拯救中国。

他早年信奉孙中山先生的"三民主义"，20世纪20年代又抱着寻求救国真理的愿望，先后留学美国和德国，在那里

贺麟故居（摄影/米艳）

接受西方资产阶级的教育，逐渐形成了黑格尔唯心主义世界观。回国后，在同进步学生、党的地下工作者的接触中，他读了毛泽东所著的《新民主主义论》《论联合政府》等书，顿觉茅塞大开，看到真理在共产党一边，决心跟共产党走。北京解放前夕，他四次拒绝国民党派飞机接他南下，毅然留在北京迎接新中国诞生。

1982年，已届耄耋之年的贺麟加入了中国共产党，《人民日报》专门刊发了一则报道《著名哲学家贺麟入党》，文中说"这位历尽坎坷的哲学家终于找到了光明的归宿"。

虽然少小离家，但贺麟一直没有忘记自己的故土。他在20世纪80年代回乡探亲时，将自己的部分著作和藏书，以及多年积蓄和稿费，都捐赠给了家乡的学校，并在淮口中学设立"贺麟奖学金"。

1985年，已然83岁高龄的贺麟预料去日无多，向家人表示身后一定要葬回老家五凤。1992年，90岁的贺麟在北京逝世，家人为了满足老人的心愿，将他的骨灰一半存在八宝山公墓，一半带回了金堂县，存放在县殡仪馆。2002年，贺麟先生的女儿、时任清华大学党委书记的贺美英在回乡探亲时，决定满足父亲的遗愿，在条件合适的时候将其骨灰迁葬于他幼年时就读的黄狮小学（现五凤小学）。

五凤贺氏一族自认是唐代大诗人贺知章的后裔，原籍湖南，是清初"湖广填四川"时迁徙入蜀的，移居五凤后"家道日兴，田园渐广"。位于杨柳沟的这座贺氏旧宅始建于清乾隆八年（1743年），咸丰年间分家时由贺麟曾祖父贺道四与堂兄贺道三在此安居，后有扩建，包括住房和作坊（烧坊、染坊等）共有房屋80余间。

2015年，在当地政府和贺麟后人努力下，按贺家大院原有格局和功能分区进行复原打造，除了恢复贺家大院原有面貌，对大院周边环境，也以原貌保护为原则进行整修，溪流、竹林、石板路，都被保留了下来，让今天的人们充分感受到院子的古朴和静雅。2016年1月，贺麟故居被成都市政府列入"第五批历史建筑保护名录"，2018年被列为成都市文物保护单位。

贺麟的侄孙贺杰多年来工作生活在成都，代表贺麟亲属牵头贺麟故居的修复工作。在1985年设立的"贺麟奖学金"的基础上，贺杰发起成立了"成都贺麟教育基金会"，筹集善款，用于助学、助教、助研。

2015年12月，成都贺麟故居纪念馆正式成立，设陈列室8个，保管陈列贺麟手稿、书籍等物品，以及贺氏家族文物，常年免费开放。门边墙上密密麻麻的牌子显示，该纪念

贺麟故居纪念馆

贺麟书院(摄影/米艳)

馆现为民盟中央盟员教育基地，成都留学报国教育基地，四川省社科院社会学所、四川大学哲学系、西南民族大学政治系、台湾东海大学哲学系、清华大学哲学系等单位的学术交流基地。

自修缮开放以来，贺麟故居迎接了不少国内哲学大咖。2016年11月13日，来自中国社会科学院、柏林大学、清华大学等中外高等学府的专家学者专程来到贺麟故里，为"中国哲学小镇"揭牌。2017年、2019年，由中国社会科学院哲学研究所、四川省社会科学院、成都市政府等联合举办的两届

贺麟故居内部陈设（摄影／米艳）

中国青年哲学论坛都落户金堂。贺杰介绍，通过承办中国青年哲学论坛等活动，纪念馆年接待海内外专家学者和普通游客3万人次以上。

  与一般的名人故居纪念馆不同，贺麟故居至今保留着人间烟火气，工作人员都居住和生活在其中。在贺麟故居的堂屋门口，挂着"诗书传家"四个大字，另外一间房屋里，还悬挂着贺麟祖父所写的"锄经"二字烫金木匾，典出《汉书·倪宽传》，即"带经书而锄"，是"耕读"的意思。如今，贺麟故居不仅是一个景点，更是一个以"耕读传家"文化为核心的优秀传统文化的体验基地和哲学学术交流基地。

附　录

★ 成都市革命遗址一览表

锦江区	陈毅母校——锦官驿小学
	陈毅母校——聚星小学
	成都市烈士陵园
青羊区	《新华日报》分销处旧址
	中共四川省工委机关联络点旧址
	中共川康特委活动旧址
	车耀先烈士革命活动旧址——努力餐（酒楼）
	李硕勋等革命烈士活动地——树德协进中学
	王右木旧居
	刘愿庵旧居
	十二桥烈士陵园
武侯区	成都"二一六"惨案雕塑群像
	四川大学革命烈士纪念碑
成华区	"二一六"革命烈士墓
	贺炳炎将军墓
双流区	中共川康特委、重庆市委、雅乐工委等共产党员活动联系点——冯家院子
	中共川西边临工委双流擦耳联络站
	双流烈士陵园
	丁地平烈士塑像
郫都区	郫都区烈士陵园
	崇宁县抗日胜利纪念碑
	本邑军农冲突死难农众纪念碑
龙泉驿区	龙泉驿区烈士陵园
新都区	中共新都特支所在地旧址——桂湖湖心楼
	中共新繁特支活动旧址——"小延安"龙藏寺
	中共新都特支活动旧址——旃檀小学
	新都区德育园
温江区	温江烈士陵园
新津区	新津区烈士陵园

都江堰市	成都燃料公司煤矿工人大罢工遗址——都江堰市向峨煤矿
	中共灌县特别支部（金马党小组）活动遗址
	——金马小学（现更名为都江堰市天马学校）
	中共都江堰市党组织创建会议旧址——竹林寺
	都江堰市烈士陵园
彭州市	彭县党员大会旧址——法藏寺碑亭
	李一氓故居
	彭州市烈士陵园
	何秉彝烈士纪念地
邛崃市	抗捐军王店起义旧址
	邛大特区苏维埃政府旧址
	石塔区苏维埃政府旧址
	石塔乡苏维埃政府旧址
	石塔村苏维埃旧址
	靖口乡苏维埃政府旧址
	沙坝乡苏维埃政府旧址
	何家乡苏维埃政府遗址
	火井乡苏维埃政府旧址
	油榨乡苏维埃政府旧址
	太和区苏维埃政府旧址
	太和乡苏维埃政府旧址
	三角埝乡苏维埃政府遗址
	高兴村红军医院旧址
	王家村红军医院旧址
	邛崃战场遗址
	张志和故居
	夹关战斗遗址
	香炉山战斗遗址
	瓦厂岗战斗遗址
	天车坡战斗遗址
	余岩战斗遗址
	石坡战场遗址
	邛崃县城解放见证物——邛崃钟鼓楼

	童桥战场遗址
	军田坝战场遗址
	城北古城楼
	邛崃烈士陵园
	红军亭
	红军长征纪念馆
崇州市	安顺地下党活动展览室
	露萍广场
	中共川南特支兵运工作遗址
金堂县	金堂县烈士陵园
大邑县	横山岗红军战场遗址
	肖汝霖烈士墓
	大邑县革命烈士陵园
	车耀先烈士塑像广场
蒲江县	第一个中共蒲江组织建立地旧址
	蒲江农民协会活动遗址——高桥育才小学
	太清观农民运动领导中心遗址
	成佳镇红军墓
	成都战役烈士陵园暨纪念馆

★ 副 编

锦江区	李劼人故居博物馆
武侯区	李家钰烈士墓园
双流区	夏正寅故居
新都区	王铭章烈士墓园
	新都一中铭园
青白江区	彭大将军专祠
彭州市	刘、邓、潘起义旧址——龙兴寺藏经楼

注：以上资料来源于《四川省革命遗址通览》（第2册·成都市）中共党史出版社，2014年11月出版。由于篇幅所限，本书只选取了部分遗址进行走访。